リーダーシップ

Leadership

Harvard Business Review 編

DIAMOND ハーバード・ビジネス・レビュー編集部 訳

ダイヤモンド社

HARVARD BUSINESS REVIEW
ON LEADERSHIP

Original English language edition published
by arrangement with Harvard Business School Press.
Japanese Translation rights arranged
with Harvard Business School Press in Boston, MA
through The Asano Agency, Inc. in Tokyo.

はじめに

本シリーズは、ハーバード・ビジネススクールの機関誌、Harvard Business Reviewの名著論文集である。同誌が持つ「普遍の経営哲学」の価値を見直すべく、テーマごとに編集したものである。

新任のマネジャーから経験豊富な経営トップにいたるまで、人を動機づけ、鼓舞し、導かなければならない立場にある者にとって、リーダーシップは永遠の課題といっていいだろう。Harvard Business Reviewでもリーダーシップをテーマにした論文は数多い。そのなかから、影響力の大きい論文を厳選して収めたのが本書である。

第1章は、マネジメントの権威、ミンツバーグがマネジャーの職務について考察したもの。マネジャーが何にどれだけ時間を使っているのかを調査し、そこからマネジャーの仕事を一〇の基本的役割に特定し、それをさらに対人関係、情報、意思決定の三つの種類に分けた。

第2章と第3章は、ともにリーダーとマネジャーの違いについて論じている。リーダーシップ論の大家、コッター——は、マネジメントの役割が複雑な環境にうまく対処していくことにあるのに対し、リーダーシップの役割は変革を成し遂げる力量だとしている。競争と変化が激しさを増しているなか、リーダーシップの重要性が高まっていることも指摘している(第2章)。またザレズニックは、マネジャーとリーダーをその性格、仕事への態度、人間関係などで比較し、リーダーシップは育成できるのか、という問題を論じている(第3章)。

仕事上の責任と個人の価値観が相反し、決断を迫られる局面は往々にしてあるものだ。こうした状況を筆者は、ディファイニング・モーメント（アイデンティティの決定）と呼び、これがリーダーとしての資質を形成する際に生かされる、としている（第4章）。

第5章では、高業績を上げている企業のCEO（最高経営責任者）のマネジメント・スタイルを調査し、それを五つに分類（戦略型、人材型、専門知識型、ボックス型、変革型）した。そして、それぞれの特徴を論じ、ビジネスの状況に応じたスタイルを選択することの重要性を説いている。

第6章は、「優れたマネジャー」について考える。模範的なマネジャーには「非常に優秀なマネジャー」と「素晴らしいマネジャー」という二つのグループがあるという。周囲に大きな影響を及ぼす「素晴らしいマネジャー」に着目し、マネジメントにおける人間的要素の重要性について論じている。

リーダーの役割とは組織を「変化に適応させる」ことだと論じているのが、第7章である。筆者たちはこれを「適応への挑戦」と呼んでいる。

第8章では、TQM（総合的品質管理）、リエンジニアリングなどのビジネス・プログラムを使うこととリーダーシップが混同されている現状を指摘している。

二〇〇二年三月

DIAMOND ハーバード・ビジネス・レビュー編集部

リーダーシップ——目次

はじめに

第4章 リーダーとして成長するために

ジョセフ・L・バダラッコ Jr.（ハーバード・ビジネススクール教授）

リーダーシップ

第1章

マネジャーの職務：その神話と事実との隔たり

The Manager's Job : Folklore and Fact

ヘンリー・ミンツバーグ
Henry Mintzberg

ヘンリー・ミンツバーグ　Henry Mintzberg
カナダ・モントリオールにあるマギル大学経営学部教授、フランス・フォンテンブローにあるINSEAD組織学教授。包括的マネジメントや組織、組織化の方法や戦略的形成プロセス、マネジャーの仕事の本質やスタイルに焦点を当てた研究を行っている。*Strategy Safari*（邦訳『戦略サファリ』東洋経済新報社刊、1999年）、*The Rise and Falls of Strategic Planning*（邦訳『戦略計画―創造的破壊の時代』産能大学出版部刊、1997年）など著書多数。

【論文初出データ】
The Manager's Job: Folklore and Fact（HBR, 1975年7-8月号）
マネジャーの職務　その伝説と実際の隔たり（DHB, 1980年1-2月号，山藤泰訳）

計画、組織化、調整、管理をしているか

マネジャーに、あなたの役目は何かと聞けば、ほとんどが計画、組織化、調整、管理と答えるだろう。では、現実に彼らがやっていることを見てみよう。その結果、この四つの項目を脈絡づけることができなくてもけっして驚いてはいけない。

たとえば工場が火事で焼けてしまったという連絡が、あるマネジャーにきたとしよう。そして、マネジャーがその通報者に、外国の子会社から顧客へ供給するという応急措置がとれるかどうかを調べるように命じたとする。そのとき、そのマネジャーは計画をしているだろうか、組織化をはかっているだろうか、あるいは調整をし、管理をしているだろうか。また、たとえば退職者に金時計を贈呈するときはどうだろう。業界関係者に会うため会合に出席するときは、何をしているといえるだろう。あるいは、その会合から帰るとき従業員に、そこでヒントを得たおもしろい製品アイデアについて話す場合はどうだろう。

フランスの実業家、アンリ・ファヨールが一九一六年に紹介して以来、経営用語を支配してきたこの計画、組織化、調整、管理という四つの単語は、マネジャーが実際にやっていることについて、ほとんど説明してはいないというのが現実である。どうみても、せいぜいマネジャーが仕事をするときに考えている、あいまいな目的を若干暗示する程度のものである。

経営学の分野は従来、進歩と変化に向けてあまりに集中してきたために、半世紀以上の間、マネジャーは何をすべきなのかといった、まさに根本的な問いかけをしてこなかった。これに対する適切な答がなければ、どのようにして経営を教えることができるのだろうか。どうやってマネジャーのための計画システムや情報システムをデザインできるのだろうか。いったい、どのようにして経営実務の改善ができるのだろうか。

マネジメントの本質について、我々が何も知らないということの証左は、近代組織のなかにさまざまなかたちで見られる。すなわち、マネジメント・トレーニング・プログラムに一日も参加したことがないのに成功をおさめたマネジャーの自慢話、マネジャーが何を望んでいるか理解できなかった経営計画担当者の転職、情報分析担当者がマネジャーにとって必要だと考えた見事なシステムだが、だれも使わなかったために、部屋の隅でほこりをかぶっているコンピュータ端末機など、数えあげればきりがない。

そして、おそらく最も重要なことは、我々の無知さは、大規模な組織が重大な政策上の問題に取り組む能力をもちあわせていないということである（**コラム2**「マネジャーの職務〈回想録〉」を参照）。

生産を自動化し、マーケティングとファイナンスという業務分野に経営科学を用い、行動科学者の技術を勤労者の動機づけという問題に応用しようと、ネコもしゃくしも取り組むなかで、どういうわけか、その組織、あるいはそのサブユニットの責任者であるマネジャーのことが忘れ去られてしまったのである。

本稿の意図は簡単である。ファヨールの使った四つの単語から読者を引きはがし、マネジメント業務について、より明確にして、役立つように説明したものを紹介するということである。このことは、多種多様なマネジャーたちがどのように自分の時間を使うかについて行った研究からまとめたものである。

そのいくつかの研究では、マネジャーが徹底的に観察されている。ある研究では、マネジャーが自分の行動を細かく日誌につけていた。また、彼らの行動記録が分析された研究もいくつかある。あらゆる種類のマネジャーが調査の対象になり、フォアマン（職長）、工場の監督、スタッフ部門のマネジャー、現場のセールスマネジャー、病院のマネジャー、会社社長、国家元首、はてはやくざの親分にまでわたっている。彼らは、アメリカ、カナダ、スウェーデン、イギリスで働くマネジャーたちである（**コラム1**「マネジメント業務に関する研究」を参照）。

こうした研究から、ファヨールの古典的な見方とは異なった、キュービズムの抽象画とルネッサンス時代の絵画の間に見られるほどの、大きな差のある興味ある事実が浮かびあがってくる。ある意味でこの事実は、これまでにマネジャーのそばで一日をすごしたことのある人には自明のものだろう。しかし同時にこの事実は、我々がいままで受け入れてきた、管理に関する伝説の大部分を疑わしいものにしてしまうという点で、革命的かもしれない。

マネジメント業務に関する神話と事実

マネジャーの職務をめぐって、事実を注意深く調べていくと、現実にはその重みに耐え切れないにもかかわらず存在する、四つの神話がある。

神話1：マネジャーは内省的で論理的な思考をする計画立案者である。

この命題の当否を判断にする例証は、いたるところにあるが、そのどれをとっても、この記述を裏づけるものは見られない。事実はこうだ。

事実：どの研究をとってみても、マネジャーはいつも早いペースで仕事をし、その行動はこまぎれ、多様性、不連続性で特徴づけられ、またきわめて衝動的で、じっくり考えたうえで行動することは好まない、ということを示している。

私が調査した五人のマネジャーが従事した業務の半分は、九分に満たない時間しか継続しておらず、わずか一〇パーセントが一時間を超えたにすぎなかった[1]。アメリカのフォアマン五六人の調査では、一シフト八時間あたり平均五八三の業務、すなわち、四八秒ごとに一つの業務を行っていることがわかった[2]。経営トップもフォアマンと同様、仕事のペースはせわしないものだった。彼らは朝、出勤したときから夕方退社するまで、たえまのない訪問者と郵便物の山に立ち向かっていた。

コーヒーブレイクと昼食も、仕事と関連したものにならざるをえなかったし、たまに自由時間ができても、つねに周囲にいる部下たちにそれを奪われていた。

イギリスのミドル・マネジャーとシニア・マネジャー一六〇人の日誌の調査によれば、彼らが三〇分以上邪魔が入らずに仕事ができたのは、二日に一回しかなかった[3]。

私の実施したマネジャーとの面接調査のうち九三パーセントは、特別にアレンジされたものだった。彼らの時間のうちわずか一パーセントだけが、終わりの時間が定められていない現場の巡回だった。三六八件の面接のうち、特定の問題に関連しなかったのはわずか一件だけで、それは総合計画業務とでも呼ぶべきものだった。

別の研究者が発見したことだが、日常会話やテーマの定まっていない個人的なコミュニケーションから重要な外部情報を得ているといったマネジャーは一人もいなかった[4]。

マネジャーの予定の立て方で、特に注目すべきパターンがあるとした調査はなかった。マネジャーはたえず当面の要請に応じて、案件から案件に飛び回っているように見えた。

これが古典的な見方で定義された計画立案者の本当の姿だろうか。そうではなさそうだ。では、この種の行動はどのように説明できるのだろうか。マネジャーは、たんに自分の職務からくる外圧に反応しているにすぎないのである。

私が調査した経営トップたちの場合、自分の仕事のほとんどを中途でやめたり、たびたび会議を途中で抜け出したり、自分のデスクワークを中断して部下を呼びつけたりしていた。ある社長などは、長い廊下が見下ろせる位置に自分の机を置くだけでなく、自分が一人のときには、入口の扉をつねに開けていた。つまり、部下がいつでも入ってきて、自分の仕事を邪魔してもよいという意思表示をしていたのである。

マネジャーが、情報を間断なくキャッチしていたいと思っていることは明らかである。しかしそれ以上に重要なのは、彼らの行動が、仕事量によって条件づけられているようだということである。マネジャーは、自分の時間の機会費用の大きさをよくわきまえており、また返事を出すべき手紙、面会しなければならない訪問者などのように、次から次へと、対処しなければならないことで頭がいっぱいなのだ。なにをしていてもマネジャーは、やったほうがよいこととか、どうしてもしなければならないことに思い悩んでいるのである。

マネジャーが計画を立てなくてはならないとき、それを毎日の行動のなかで行っているのは間違いない事実で、会社の山荘に二週間こもりきりで考えるというような、抽象的なプロセスによるものではない。私の調べたマネジャーの計画は、つねに頭の中にのみ存在していて、柔軟ではあるが、かなり具体化されているものだった。

これまでの研究がどうであれ、マネジメントという職務は、内省的な計画立案者を生み出すものでもないし、マネジャーとは、具体的なことがらに反応する人物——職業柄、遅れて行動することよりも、即応的な行動を好むようにならされている人物なのである。

神話2：有能なマネジャーは、日常的な遂行業務を持たない。

マネジャーはつねづね、計画立案と権限の行使に最も時間をつかい、顧客に会ったり交渉をしたりする時間を少なくするようにいわれつづけている。つまるところ、面会や交渉ごとは、マネジャーのなすべき仕事ではないのだ。たとえていえば、優れたマネジャーは楽団の指揮者に似ていて、あらかじめすべてを入念に編成し、その後は時折、予期しなかった例外事象には対応するものの、ほとんどがくつろいで席に落ち着き、自分の苦労の成果を楽しむのである。

しかしここでもまた、このように耳に心地いい抽象的概念は浮かんできそうにない。むしろ、勝手な定義づけをする前に、マネジャーがどうしてもやらなくてはいけないと感じているさまざまな業務を、もう少し詳しくながめるほうがよいだろう。

事実：マネジメント業務には、例外的事項を処理するほかに、無数の日常的業務の遂行が含まれ、儀式や式典、交渉、組織を周辺の環境に結びつけるソフト情報の処理なども入っている。

調査報告の事例を検討してみよう。

小さな会社の経営者の仕事を調査してみると、彼らの会社には専門スタッフをおく余裕もなく、人員もぎりぎりで、だれかが一人休めば社長がその代行をしなければならないというような状況で、彼ら自身が日常業務に従事しているということがわかった[5]。

現場のセールスマネジャーの調査と経営トップの調査から推論できることだが、たいせつな顧客を引きつけておきたければ、その顧客に会うということは、両者の職務の基本なのである[6]。

ある人が半ば冗談に、マネジャーというのは、自分のところにやってくる人間はすべて、自分の仕事をやってくれるためにきたと考えるものだ。しかし私の調査では、たずねてきた要人に会い、金時計を贈呈し、クリスマス晩さん会のホスト役を務めるといったある種の外交儀礼は、経営トップの重要な任務の一つとなっていた。

マネジャーが手に入れる情報の流れの研究からは、彼らは「ソフト」な外部情報(その多くはマネジャーの地位にある者にだけ入手できる)を把握し、部下たちに流すという面で、重要な役割を果たしているのは明らかだ。

神話3：シニア・マネジャーは総合的な情報を必要とし、公式のMIS(経営情報システム)を使えば最も有効に入手できる。

トータル・インフォメーション・システムという言葉が、経営学の文献のいたるところに見られたのは、そんなに昔のことではない。統制のとれた階級的システムの頂点に位置する人物という古典的なマネジャー観にふさわしく、そのような文献中のマネジャーは、重要情報をすべて、巨大で包括的なMISから得ることになっていた。

しかし近年、この種のMISが機能していないことが明らかになってきた。簡単にいえば、マネジャーが積極的に使おうとしないため、その意気込みは減退してしまったのである。マネジャーが実際に情報をどのように処理するかを考えてみれば、その理由は明白である。マネジャーは、自分の自由になる五つのメディア、書類と電話、予定された会議と予定外の会議、そして現場の監視に依拠しているのである。

事実：マネジャーは言語メディア、すなわち電話と会議を重視している。

この証拠はマネジメント業務に関するどの調査からも得られている。次の事例を検討してみよう。イギリスの二つの調査では、マネジャーは、自分の時間の平均六六パーセントおよび八〇パーセントを、言語（会話）を介してのコミュニケーションにあてていた。[7] アメリカの経営トップ五人に関する私の調査では、その数字は七八パーセントだった。

この五人の経営トップは、郵便物の処理をわずらわしいものと考えていた。このうち一人などは、土曜日の朝にやってきて、わずか三時間あまりで一四二通の手紙を「やっつけて、厄介払い」していた。この同じ人物は、その一週間に受け取った最も「内容のある」手紙の、標準原価報告書をながめて、「見るほどのものじゃない」といってわきへのけてしまったくらいである。

この同じ五人の経営トップは、私が調査した五週間の間に受け取ったルーティンの報告四〇のうち二つと、一〇四の定期刊行物のうち四つの事項に、即座に反応していた。その他のほとんどの定期刊行物については、数秒間でざっと読みとばしていた。そして、合計するとかなり大きな規模のこの企業の経営トップたちは、私が観察した二五日間に、外部からの事柄に答えてではなく自主的には、二五通の手紙を書いた。

このトップたちが受け取った手紙を分析すると、わずか一三パーセントだけに特定性があり、かつすぐに使えるというおもしろい状況が明らかになった。そこで、もう一つの当惑にぶつかることになる。手紙のなかで生々しい最新情報、たとえば競争相手の動静や政府の規制当局の動向といったようなものはけっして多くないのである。にもかかわらず、これがマネジャーを駆りたてて会議を中断し、仕事の予定を変えることまでもさせる情報なのである。

興味ある発見をもう一つ検討してみよう。マネジャーは、「ソフト」な情報、特にゴシップとか、うわさとか、思惑とかいったものを大事にするようである。なぜだろう。理由は、それがタイムリーだという点にある。今日のゴシップは、明日の事実であるかもしれないからだ。最大の顧客が、有力な競争相手とゴルフをしていたのを見たという電話連絡を受けられるようになっていないマネジャーは、次の四半期報告で劇的な売上げダウンを見ることになるかもしれない。しかし、そうなってからでは遅すぎるのである。

過去に起こったものを集大成した、「ハード」なMIS情報を評価するために、マネジャーが情報を利用する主要なやり方のうち二つ、すなわち問題と機会を確認することと、周囲のことがらのなりゆきを頭の中で組み立てること(たとえば自分の組織の予算システムはどう働くか、顧客はどのように自分のところの製品を買うのか、経済変化が自分の組織にどのような影響を与えるのかなど)を検討してみよう。[8]こうした事例を調べても、マネジャー自身が決断すべき状況を見定め、頭の中で組み立てるのは、MISが提供する集大成されたデータによっているのではなく、特定の断片的データによっているということがわかるのである。

ルーズベルト、トルーマン、アイゼンハワーの各大統領が、情報収集にどのような癖をもっていたかを調べたリチャード・ニュースタットの次の言葉を参考にしてほしい。

「大統領が、自分の身にふりかかる危機を察知する助けになるのは、総括的な情報ではない。すなわち、要約でもなく概観でもなく、耳に心地よい一切合切を盛り込んだ情報でもない。むしろ、頭の中でつなぎ合わせると、目の前にある問題の裏面が明らかになるような、自分で確認できる細かい情報の寄せ集めである。大統領は自己防衛のために、どんなにわずかな事実にしろ、意見にしろ、ゴシップにしろ、大統領としての自分の利害や人間関係にかかわるものには何にでも、できるだけ手広く網を張っておかなければならないのである。大統領は、自前のＣＩＡの局長にならなければいけないのである(9)」

言語メディアをマネジャーが重視するということには、二つの重要な意味がある。

第一に、言語情報は人間の頭脳に蓄えられるということである。その情報は、文字として記されたときにのみ(金属キャビネットか磁気テープかは別にして)、組織のファイルにしまうことができるようになるのだが、マネジャーは、自分の聞いたことをそれほど書き出していないということは明らかである。かくして、組織の戦略データバンクは、コンピュータのメモリーのなかでなく、マネジャーの記憶のなかに存在することになる。

第二に、マネジャーが言語メディアを広範に利用するということから、どうしてマネジャーが仕事を下に委譲しないかの理由がわかるのである。マネジャーが得る重要な情報の大部分が言葉として入ってきて、頭に蓄えられるということに注目すれば、マネジャーがいやがる気持ちはよくわかってくる。それは、それらの書類をだれかに渡すといったたぐいのものではない。というのは、時間をかけて記憶をよびさまし、該当する問題について知っていることについて説明する作業をしなければならないからだ。この作業に膨大な時間を要するためマネジャーは、自分自身でその仕事をやるほうが簡単だと思うことになる。かくしてマネジャーは、自分の情報システムのせいで、権限委譲のジレンマ――自分で仕事を抱えこむ、あるいは、いい加減な説明で部下に仕事を引き継ぐという地獄に落ちこんでしまうのである。

神話4：マネジメントは科学であり、専門職である。現在はそうでないとしても、少なくとも急速にそうなりつつある。

科学と専門職の定義のどれをとってみても、このいい方は誤りである。どんなマネジャーでもいいからちょっと観察してみれば、マネジャーが科学を実践しているなどという意見はすぐに撤回されるだろう。科学というのはシステマティックな、分析的に決定された手法や計画事項の実行という意味を含んでいる。マネジャーがどのような手法を用いるかということすら知らないで、どうしてその手法が科学的分析によると規定することができるだろうか。

また、マネジャーが何を学ぶべきかを特定できずに、どうしてマネジメントを専門的職業と呼ぶことができるだろう。なぜなら、専門的職業というのは「学習あるいは科学のある部分に関する知識」（ランダムハウス辞典）という意味を含んでいるからである[10]。

事実：マネジャーの計画事項――時間の配分や情報の処理、意思決定などは、マネジャーの頭脳の奥深くにしまいこまれたままである。

かくして、このような計画事項を表現するのに、判断とか直感といった言葉に頼ってしまい、立ち止まってじっくり考えて、その言葉がたんに我々の無知さ加減を示すレッテルにすぎないということに気づく人はめったにない。

私が観察した経営トップたちは全員どの角度から見ても真に優れた人たちだが、基本的に一〇〇年前の同類の人（その面に限っていえば一〇〇〇年前でも）と見分けがつかないという事実を、調査中に知ってショックを受けたものだ。彼らの必要とする情報はそれぞれ異なるが、方法はみな同じで、クチコミに頼っていたのだ。意思決定は近代技術にかかわるが、結論を出すのに用いる手法は、一九世紀のマネジャーと同じものだったのだ。

組織における専門化した業務にとって重要なものであるコンピュータですら、ゼネラル・マネジャーの行う業務手法になんの影響も及ぼしていないのは明らかである。事実、マネジャーは、しだいに仕事の重圧が増加していくにもかかわらず、経営学からなんの助けの手もさしのべられないという、一種の逃げ場のない状況に落ちこんでいる。

マネジメント業務の実体を検討すると、マネジャーの職務はおそろしく複雑かつ困難であるということがわかる。マネジャーは責任の重さに打ちひしがれていながら、容易に仕事を下に任せることができない。そのためオーバーワークとなり、多くの仕事を上っつらだけ、ごまかすようにすますことをよぎなくされている。片手間に、きれぎれに、そしてクチコミによってが、その仕事ぶりを特色づけているのである。しかもこれは、マネジメント業務を改善しようとする科学的試みを阻害してきた、管理業務の特質そのものである。その結果、経営分析家は、手法を分析し、関連情報を定量化するのが比較的容易な、特定の組織機能の分野に注力してきたのである。(11)

しかし、マネジャーの職務の重圧はますますひどくなりつつある。以前ならば、オーナーと取締役にだけ対応すればよかったものが、いまでは、民主的規範を盾にする部下は、説明を加えないで命令を下すというマネジャーの自由裁量分野をたえず小さくするし、しだいに数を増す外部の圧力団体(消費者団体、行政機関など)が、マネジャーの手を焼かせるという状況になっている。

そしてマネジャーには、どこかに助けを求めるあてもない。マネジャーに救いの手を差しのべるとすれば、第一のステップは、マネジャーの職務とは一体何かを明確にすることである。

マネジメント業務の基本的定義にもどって考える

さてここで、断片的に述べてきたパズルをまとめてみよう。初めの部分で私は、マネジャーを組織あるいはそのサブユニットを担当する人と定義した。この定義は、経営トップのみならず、バイス・プレジデント、宗教指導者、フォアマン、ホッケーのコーチ、そして首相にもあてはまる。このような人々はみな共通するものを持っている。それは全員が、ある組織単位に対するフォーマルな権限を付与されているということである。その権限から、さまざまな人間相互の関係を導き出す地位が生まれ、この人間関係が情報への接近を可能にする。逆に情報がマネジャーに、自分の担当組織のために意思決定をし、戦略をつくりだすことを可能にしている。

マネジャーの職務は、さまざまな「役割」、あるいは職位に関連した行動を秩序だって、いくつかにまとめたものによって説明することができる。**図表1**「マネジャーの役割」に示した説明は、一〇項の役割から構成されている。ここでわかるように、フォーマルな権限は三つの対人関係上の役割をもたらし、ついでこの役割は、三つの情報上の役割を生起させ、この二組の役割によってマネジャーは、四つの意思決定の役割を演ずることが可能となる。

対人関係における役割

マネジャーの役割のうち三つは、直接そのフォーマルな権限から生まれ、基本的な人間相互関係にかかわるものである。

(1)看板

第一は「看板」の役割である。ある組織単位の長としての地位にあるため、どのマネジャーもセレ

図表1 **マネジャーの役割**

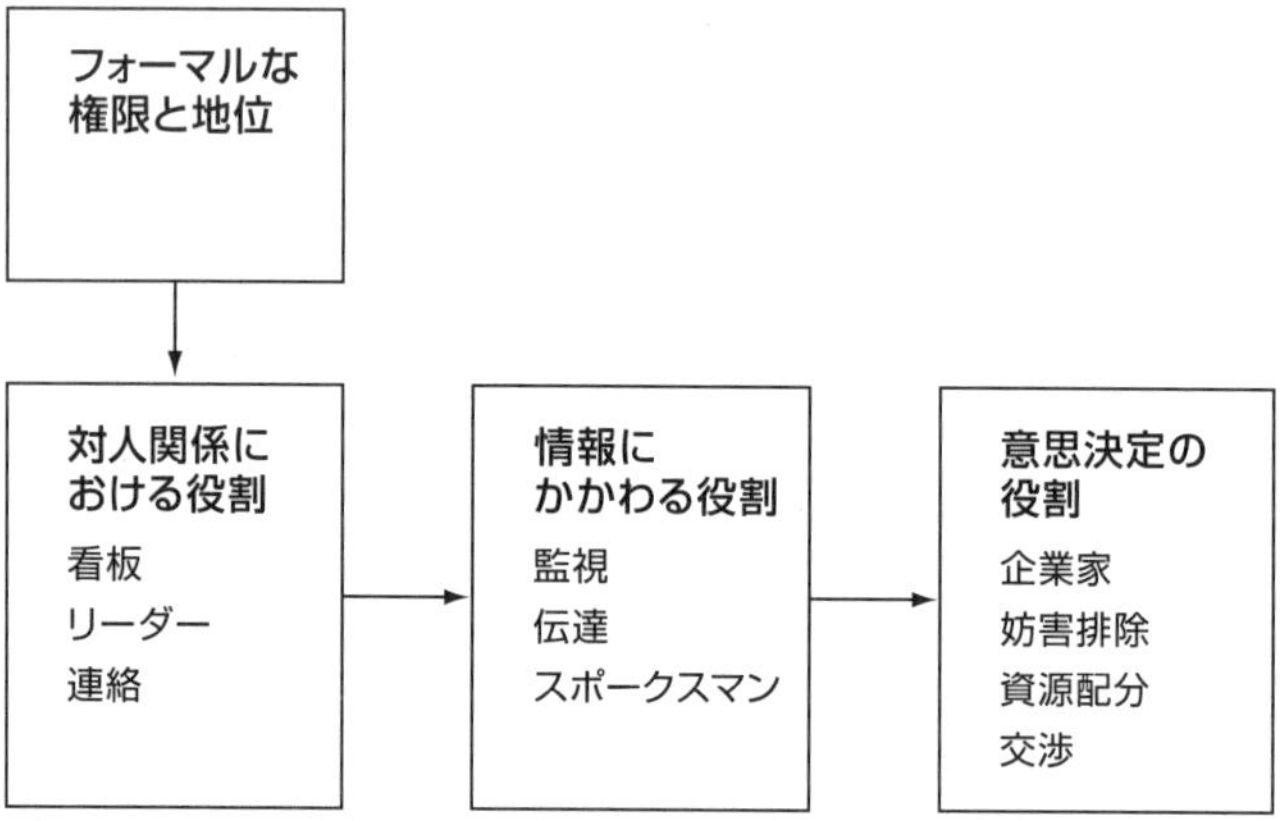

モニー的な義務を果たさなければならない。社長は視察におとずれたお偉方をもてなし、フォアマンは旋盤工の結婚式に出席し、セールス・マネジャーはたいせつな顧客を昼食に連れていく。

私の調べた経営トップは、人とのつきあいのうち一二パーセントを、セレモニー的な仕事に費やし、受け取った郵便物の一七パーセントは、その地位に関連した挨拶状や依頼状だった。たとえば社長あての一通は、身体障害者の生徒に無料で商品の提供を要請していたし、校長の机の上には、彼のサインが必要な卒業証書が置いてあった。

対人関係の役割にかかわる仕事はルーティン業務であることもあり、その場合、真剣に意思疎通をはかる必要もほとんどなく、重要な意思決定をすることもない。にもかかわらず、それは、組織が円滑に機能するためには重要であり、マネジャーが無視できないものなのである。

(2)リーダー

マネジャーは事業ユニットを担当しているため、そのユニットの人たちの仕事の責任を負う。この面に関するマネジャーの行動は、「リーダー」としての役割である。このなかのいくつかの行動は、直接リーダーシップにかかわるものとなる。たとえば、ほとんどの組織でマネジャーは、自分のスタッフを採用し、訓練する責任を負っている。

さらに、リーダーの役割には間接的な執行がある。どんなマネジャーでも、自分の部下一人ひとりが持つニーズを、組織の目標と合致させながら、部下の士気を高め、鼓舞しなければならない。マネジャーが部下と接触するたびに、指示にうまく応えようとしている部下はマネジャーの行動に探りをいれる。「決裁してくれるだろうか」「どのように報告書をまとめれば気に入ってくれるだろうか」「高収益よりも市場シェアのほうに関心があるのでは」といった具合である。

マネジャーの影響力は、リーダーの役割に最もはっきりと示される。フォーマルな権限はマネジャーに強大な潜在的力を付与するが、これをマネジャーがどの程度、顕在化させるかを決めるのはまさにリーダーシップである。

(3)連絡

マネジメントに関する文献は、つねにリーダーの役割、特にそのなかでも意欲喚起に関連した側面の存在を認めてきた。それと対照的に、マネジャーが自分の縦の命令系統の外側で接触をもとうとする、「連絡」の役割について述べたものは、最近までほとんどなかった。

マネジメント業務の研究のどれをとっても、マネジャーはその部下との接触に使うのと同じくらいの時間を、自分の担当組織の外側にいる同僚、その他の人々に割いている。驚くべきことに、自分の上司にはほとんど時間を使っていないという事実は注目すべきことである。

ローズマリー・スチュアートの行った日誌調査によれば、イギリスのミドルおよびトップ・マネジャー一六〇人は、自分の時間の四七パーセントを同僚に、四一パーセントを自分の担当組織外の人に、そしてわずか一二パーセントを上司に割いている。

ロバート・H・ゲストによるアメリカのフォアマンの調査では、この数字がそれぞれ四四パーセント、四六パーセント、一〇パーセントとなっている。私の調べた最高幹部の場合には、自分の組織外の人との接触時間は、平均四四パーセント、部下とは四八パーセント、取締役と理事とは七パーセントとなっている。

五人の経営トップが行った接触は、信じられないほど広範な人々に及んでいた。部下をはじめ顧客、提携先、サプライヤー、業界関係者、政府関係者、特定の組織に属さない自営業者などである。この経営トップたちがこのような人々と接触した時間、および彼らから受け取った郵便物は、**図表2**「経営トップの交際」に示すとおりである。ゲストのフォアマンに関する調査も同様に、その接触は多数かつ広範で、二五人未満ということはめったになく、五〇人を超えることもしばしばだったことを示している。

情報にかかわる役割

マネジャーは、部下および自分の交際網とのつきあいのおかげで、自分が担当する事業ユニットの神経中枢に位置することになる。別になんでも知っているというわけではないが、マネジャーである以上、自分のスタッフのだれよりも多くを知っているものなのである。

いくつかの調査が、この種の関係がやくざの親分から大統領まで、どのようなマネジャーにもあてはまることを示している。ジョージ・C・ホーマンズはその著書『ヒューマン・グループ』のなかで、やくざの親分は、自分の組の情報の中枢にいるとともに、ほかの組の親分とも親交があるがゆえに、自分の子分よりもどれほどよく情報を仕入れているかを説明している。[12]

また、リチャード・ニュースタットは、フランクリン・D・ルーズベルトの研究のなかで、次のような説明をしている。

「ルーズベルト大統領の情報収集テクニックの本領は、競争にある。ある補佐官が、『大統領に部屋へ呼ばれて、なにかややこしい仕事についてまとめてくれるように頼まれたとする。二日ほど懸命に取り組んで、なかなか人の気づきそうにないところから仕入れた、おもしろそうなネタを仕込んで報告したとすると、フタを開けてみると、大統領はそのことを全部知っているばかりか、自分

図表2　**経営トップの交際**

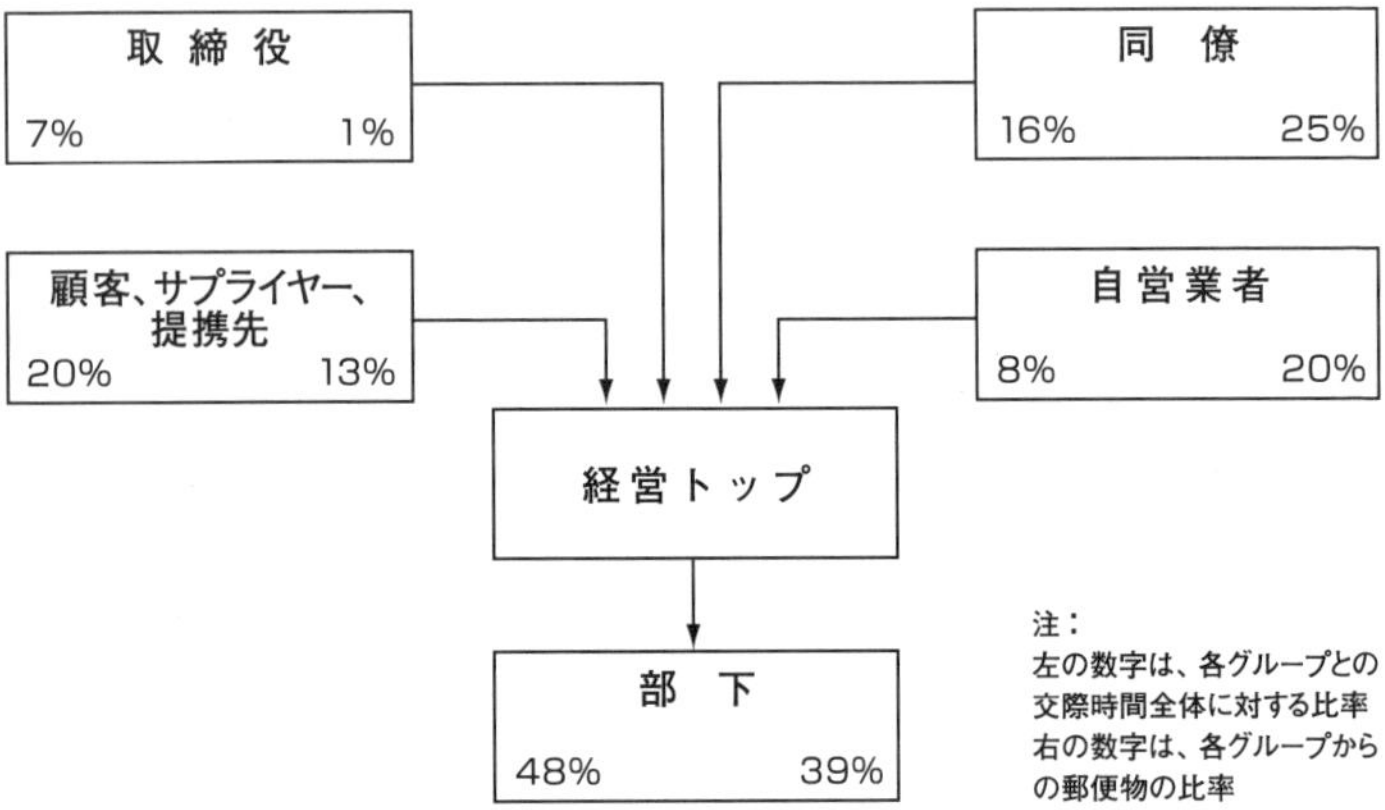

注：
左の数字は、各グループとの交際時間全体に対する比率
右の数字は、各グループからの郵便物の比率

の知らないことまでも知っていた。どこからその情報を入手したかはいってくれないのがふつうだが、一、二度このような目にあわされると、自分の情報にはピリピリと気を配ることになる』と話してくれたことがある[13]」

ルーズベルトがどこから情報を手に入れたかは、対人関係の役割と情報上の役割との関係を考えれば、おのずから明らかになる。マネジャーはリーダーとして、自分のスタッフのだれにでも、正式かつ容易に接近できる立場にある。したがって、マネジャーはほかのだれよりも自分の担当組織のことについてよく知るようになる。

さらに、マネジャーが連絡を保つために行うつきあいは、部下が近づきえないことの多い外部情報を知る機会を与えてくれる。このようなつきあいは、おのおの組織の神経中枢の役割を果たしている、自分と同格のマネジャーとなされることが多い。このようにしてマネジャーは、強力な情報データベースを開発していく。

マネジャーの職務の枢要な部分は情報処理である。私の調査では、経営トップは交際時間の四〇パーセントを情報伝達だけを目的とした行動に使い、受け取った手紙の七〇パーセントは、純粋に情報提供（何かをしてくれという要請ではなく）だった。マネジャーが、仕事にもどるために会議を中座したり、電話を切ったりすることはない。そもそもコミュニケーションがマネジャーの仕事の大部分なのだからだ。次の三つの役割が、マネジメント業務の情報をめぐる側面をよく物語っている。

(1)監視

マネジャーは、「監視役」として、情報を求めて自分の周囲の動きをつねに調べ回り、交際の相手や部下に質問し、自分の切り開いた個人的交際網の成果として、特に求めなくとも入ってくる情報を入手する。マネジャーが監視役としての役割で集める情報のかなりの部分は、ゴシップ、うわさ、思惑といったものであるが、それらは会話から入ってくることを念頭においてほしい。つきあいの広さのおかげでマネジャーは、自分の組織のために、この種のソフト情報を集めるのに有利にできているのである。

(2)伝達

マネジャーは、情報の多くを人に教えてやったり、広く伝えたりしなければならない。自分が外部の人たちとする個人的つきあいから落穂拾い的に収集する情報は、自分の組織内部で必要とされる価値あるものかもしれない。マネジャーは、「伝達」の役割のなかで、自分が教えなければ何も知らないままでいる部下のために、特別に情報を流してやる。部下どうしのふれあいがうまくいっていないときには、一方から他方に情報を流してやることもときにはあるだろう。

(3)スポークスマン

「スポークスマン」の役割としてマネジャーは、自分の持っている情報の一部を自分の担当組織外の人々に送達する。たとえば、社長が会社のためになるように演説をするとか、フォアマンが納入業者に製品の部分的変更を提案するなどといったたぐいのことである。さらにどのマネジャーも、そのスポークスマンとしての役割の一部として、自分の担当組織をコントロールする有力な人々に情報を流し、満足させなければならない。フォアマンにとってこのことは、たんに現場の作業工程の流れを、工場長にいつも知っておいてもらうということであるかもしれない。

しかし大企業の社長は、有力者との対応に大変な時間を割くかもしれない。取締役と株主には、財務状況について十分に報告しておかなければならないし、消費者団体には、会社がその社会的責任を果たしていることを納得してもらわなければならないし、行政担当者には会社が法律を順守していることを理解させなければならない。

意思決定の役割

情報それ自体が目的でないことは、もちろんである。それは、意思決定に向けた基本的インプットである。マネジメント業務の研究から、明らかなことが一つある。それは、マネジャーが担当する事業ユニットの意思決定システムの主役を演ずるということである。組織上のフォーマルな権限として、マネジャーだけが事業ユニットを重要な新しい方向のやり方に振り向けることができる。そして組織の神経中枢として、マネジャーだけが事業ユニットの戦略を決定する一連の意思決定を下すための十分、かつ新しい情報を有している。次の四つの役割が、意思決定者としてのマネジャー像を表現している。

(1)企業家

マネジャーは「企業家」として、周辺状況の変化に適応するように担当組織の改良に注力する。社長は、監視の役割のなかでたえず新しいアイデアに目を配っている。いいアイデアが出現すると、自分が陣頭指揮するなり、だれか従業員にやらせる(おそらく最終案の決裁は自分でやるという条件で)なりして、開発プロジェクトに着手する。

経営トップレベルにおけるこのような開発プロジェクトについて、興味ある特徴が二つある。

第一は、このようなプロジェクトには、一つの意思決定どころか、一つにまとまった意思決定群すらかかわっていないということである。むしろそれは、小さな意思決定と行動を時間軸上に並べたものとして出現する。明らかに経営トップたちは、プロジェクトの一つ一つを、自分の忙しくてばらばらなスケジュールに、少しずつはめこんでいけるように、また複雑なものの場合には、案件を漸進的に理解することができるように、引き延ばしていくのである。

第二に、私の調べた経営トップは、このようなプロジェクトを五〇件も同時に取り仕切っていた。プロジェクトのなかには、新製品や新プロセスがからむものもあれば、広報キャンペーン、資金構成の改善、弱体部門の再編、外国にある事業部のモラール上の問題の決着、コンピュータ運用の統合、開発の段階に応じて行われるさまざまなものの取得などにかかわるものもあった。

経営トップは、自分が指揮をとっている開発プロジェクト、それが活発に動いているものにしろ、忘れ去られているものにしろ、いろいろな開発段階にあるものをいくつか在庫品的に保持しているようだ。手品師のように、たくさんのプロジェクトを空中に浮かしておいて、ときどき落ちてくるものがあると、それらに新しい活性を与えて軌道にもどしてやる。時間的間隔はさまざまだが、新しいプロジェクトを始動させ、古いものを廃棄していくのである。

(2) 妨害排除

企業家の役割が、自ら変化を起こさせる者としてマネジャーを表現するのに対し、「妨害排除」の役割は、圧力に対して仕方なく応ずるマネジャー像を描きだす。ここでは、変化はマネジャーのコントロールの範囲外である。ストライキが起こりそうだ、有力な顧客が倒産してしまった、サプライヤーが契約を守らなかったなど、状況からくる圧力が無視できないほど激しいがゆえに動かざるをえないのである。

マネジャーの職務について、系統立った研究をしたレナード・R・セイルスはこう述べている。「マネジャーは、オーケストラの指揮者のようなものである。オーケストラの団員が個人的な悩みを抱え、ステージ係がかってに譜面台を動かし、暑すぎたり寒すぎたりして聴衆や楽器の調子がおかしくなり、コンサートの主催者がむちゃなプログラム変更を押しつけようとしたりするなかで、さまざまな楽器が分に応じてうまく統合され、順序づけられて、流麗な演奏がつづけられるように努力する[14]」

マネジャーたるものは、かなりの時間を圧迫度の高い妨害に対処するのに費やさなければならない。どのような組織をとってみても、不確実な周辺状況のなかで、何が起こってもよいようにあらかじめ検討をすませているほど、うまく運営され標準化されているなどということはない。妨害というものは、能力のないマネジャーがむちゃくちゃになるまで状況を放っておいたためばかりでなく、有能なマネジャーでも、自分のとった行動の結果をすべて予測することは、とうていできないがゆえに起こることもある。

(3)資源配分

三つめの意思決定の役割は、「資源配分者」のそれである。事業ユニット内にあるものを、だれが手に入れるか決める責任は、その組織担当マネジャーに帰属する。マネジャーが配分する最も貴重な資源は、多分、自分自身の時間であろう。マネジャーに近づくということは、組織の神経中枢であり、意思決定機関であるものに自分を露呈することを意味する。マネジャーはまた、自分の事業ユニットの構造、すなわちどのように仕事が分割され、統合されるべきかを決定する、フォーマルな関係を設計する責任も課されている。

さらにまた、資源配分担当としての役割のなかでマネジャーは、自分の組織で行われた重要な決定を、実施に先立って正式に認可する。この権限を保有することによってマネジャーは、決定が確実に相互に関係づけられるようにすることができる。すべてが、一つの頭脳を経由しなければならないというわけだ。この権限を細分化することは、一貫性のない意思決定と支離滅裂な戦略を助長することになる。

マネジャーが、他人のやった決定を認可するのに関して、興味ある特徴がいくつもある。第一に、資本支出予算方式(さまざまの資本支出を一時に認可する方法)が広く利用されているにもかかわらず、私の調査した最高幹部はきわめて多くの認可を個別に行っていた。明らかに、たくさんのプロジェクトには待つ時間がないか、あるいはたんに、資本予算に必要な数量化されたコストと利益を表示できないのである。

第二に、経営トップは、言葉に表せないほど複雑な選択をせざるをえない。彼らは、一つ一つの決定がほかの決定や組織の戦略にどのような影響を与えるかを熟慮しなければならなかった。資源が分散しすぎないように手を打つとともに、決定が、組織に対して発言力を有する人々に受け入れられるように調整しなければならなかった。提案の実現性を理解するとともに、さまざまな費用と利益についても理解しなければならなかった。また、タイミングの問題も考慮しなければならなかった。

このようなことがすべて、自分以外の人間がやった提案をたんに認可するだけのために必要だったのだ。しかし同時に、早く認めることは、検討の仕方がまずいためであるかもしれず、早く却下してしまうと、ほれこんだ案件を何カ月もかけて大事に育ててきた部下の意欲を失わせるかもしれない。だがその一方で、認可の遅れは、時間をムダにする可能性もあるのである。

プロジェクトを認可する際によく行われる解決策は、提案内容のかわりに人を見るということである。これは、その判断力に信頼をおいている人から提案されたプロジェクトを、マネジャーが認可するということである。しかし、この妙案をいつも使えるわけではない。

(4) 交渉

意思決定の役割の最後となるものは、「交渉担当者」の役割である。すべてのレベルのマネジメント業務に関する研究から、マネジャーは相当の時間を交渉に費やしていることがうかがわれる。たとえば、プロフットボールチームの社長が、粘る花形選手との契約をかたづけるのに首をつっこまされたり、会社の社長が会社側メンバーの先頭に立って、新規のストライキ問題の交渉をする、あるいはフォアマンが労組の職場委員と苦情処理について討論し決着をつけるなどである。

このような交渉は、マネジャーの職務上の義務であり、おそらくルーティン業務として回避してはならないものとなっている。なぜなら、マネジャーだけが、組織内の資源にリアルタイムで関与できる権限をもち、重要な交渉に必要な神経中枢情報を持っているからである。

統合一体化された職務

これまで述べてきた一〇項目の役割は、容易に分離できるものでないということは、すでに明らかだろう。心理学者の用語でいえば、ゲシュタルト、つまり統一的全体性を形づくっているからである。どの役割もその枠組みから取り出すことはできず、それであってはじめて、その職務は損なわれずにすむのである。

たとえば、連絡機能としてのつきあいのないマネジャーは、外部情報に不足する。その結果、部下の必要とする情報をばらまくことも、外部情勢を適切に反映した意思決定を下すこともできなくなる。実際にこれは、マネジメントの職務についたばかりの人にとっては、自分の交際網をつくりあげるまで効果的決定を下すことができないため、大きな問題なのである。

ここにグループ・マネジメントの問題を解くカギがある[15]。二人と三人の人間が一つのマネジメントの職務を分けあうことは、彼らが一心同体となって行動できないかぎり、できるものではない。これは、一〇項目の役割を分割するということは、細心の注意を払ってこれを再統合できるのでなければ、不可能だということを意味する。

本当のむずかしさは情報上の役割にある。マネジメントのための情報を完全に共用する（前述したように口頭が基本）ことができなければ、チームによるマネジメントは崩壊する。単一のマネジメント職務は、たとえば、内向きの役割と外向きの役割などと、かってに分けることはできない。なぜなら、両方のソースからの情報が、同じ決定を下すのに持ち込まれなければならないからである。一〇項目の役割がゲシュタルトを形成するということは、どのマネジャーも、一つ一つの役割に同じ注意を払うということではない。実際には、私の研究によって次のようなことがわかった。

セールスマネジャーは多分、販売活動が外向的であることの反映だと推察されるが、対人関係の役割に比較的多く時間を使っているようだ。生産マネジャーは、効率よく仕事が流れることへの関心の反映であろうが、意思決定の役割に比較的多くの注意を向けている。スタッフ部門マネジャーは、組織内の他部門にアドバイスをする部門を管理するエキスパートだから、情報上の役割に最大の時間を費やす。

しかし、どのケースをとってみても、対人関係、情報、意思決定の役割が、分離不可能なことは変わらない。

より効果的なマネジメントをめざして

本稿でマネジャーたちにいわんとすることは何か。私はとりわけ、次のようなマネジメント業務に関する記述が、本稿から引き出すことのできる、どの教訓よりもたいせつだということを信じている。

それは「マネジャーの能力の程度は、自分自身の仕事についての洞察力によって大きく左右される」ということである。マネジャーの仕事の手際のよしあしは、職務の圧力とジレンマをいかによく理解し、対応するかにかかっている。したがって、自分の仕事について内省できるマネジャーは、職務をうまくこなすことができるのである。

コラム3「マネジャーのための自習問題」は、なかには誇張と受け取られるものもあるかもしれないが、そのような意図はまったくない。簡単に答えられる問題ではないが、マネジャーたるものは本気でこれに取り組んでみてほしい。

ここで三つの特定の関心分野について考えてみよう。マネジメント上の悩み――権限委譲のジレンマ、一人の頭脳に集中したデータベース、経営分析家との共同作業のやりにくさは、マネジャーの情報のほとんどが口頭で行き来しているという性格にある点をめぐって起こっている。組織のデータバンクを、そのマネジャーの頭の中に集中するのは大きな危険がともなう。マネジャーが辞めてしまうと、一緒に記憶も持ち去ってしまうことになるからだ。そして、マネジャーにうまく話しかける機会を持てないとき、部下は情報上、不利になってしまうことになる。

(1)マネジャーは自分の持つ特別情報を分かちあう、系統だったシステムの確立が求められている。

主だった部下と定期的に情報伝達会議を開いたり、一週間ごとにテープレコーダーに記憶をあらいざらい吹きこんだり、重要情報を整理して特定の人に回覧する日誌を備えたりなどすれば、仕事上の悩みは相当緩和されるかもしれない。そしてこの種の情報をばらまくのに要した時間は、意思決定をしなければならないときに取りもどしてあまりある。

もちろん秘密保持の問題を指摘する人もあるだろう。しかしマネジャーならば、特別な情報を明かすことのリスクと、効果的な決定のできる部下を持つことの比較衡量をしてほしい。

本稿をとおして流れる共通のテーマがあるとすれば、それは、職務からくる圧力がマネジャーを追い立てて、行動を上すべりさせてしまう、つまり、自分で自分をオーバーワークにしてしまう、いつ仕事に割り込んでもよいことにする、どんな刺激にもいち早く反応する、かたちのあるものを求めて抽象を避ける、小刻みに決定を重ねる、何事もとっさに実行するということである。

(2)マネジャーは、上すべり的に対処している問題に真剣な注意を払い、こまごまとした情報から一歩下がって視野を広げ、分析手法を利用して対処することが求められている。

有能なマネジャーは、多くの変容する問題に素早く対処できるように熟達していなければならないとはいうものの、マネジメント業務における危険性は、どの問題にも同じように反応し、入ってくる具体的なこまぎれ情報をまとめて、包括的な集大成したものにすることなどけっしてしないという点に、潜んでいるのである。

前述したように、マネジャーはこのようなこまぎれ情報を使って、自分の仕事のモデルをつくりあげる。しかしマネジャーは、スペシャリストの提供する能力を利用することもできる。エコノミストは市場の機能を明確にしてくれ、ＯＲ専門家は財務的なフローの動きのシミュレーションを、行動科学者は人間のニーズと目標を説明してくれる。このようなモデルのなかから最上のものを探し出して学べばよいのである。

複雑な問題を処理するにあたってシニア・マネジャーは、自分の組織内の経営科学者と綿密な関係を保っていると、得ることが多いものである。彼らはシニア・マネジャーの持っていない重要なもの、複雑な案件を厳密に調べるための時間を持っている。協力関係がうまくいくかどうかは、我々が「計画上のジレンマ」[16]と呼んだものの解決に左右される。マネジャーは情報と権限を有し、アナリストは時間と技術を有している。両者の協働関係は、マネジャーが自分の情報を分け与え、アナリストがマネジャーのニーズに合わせる方法を知っているときにうまくいく。アナリストにとって、合わせるというのは、手法の優雅さをあまり気にせず、スピードと柔軟さに心を配るということである。

アナリストがトップ・マネジャーの手助けができるのは、特に時間を管理し、分析情報を供給し、マネジャーの監督下でプロジェクトを監視し、選択のためのモデルを開発し、予測可能な障害のためにコンティンジェンシー・プラン（緊急事態対応計画）を設計し、予測不可能な障害のための分析を実施するという分野である。しかし、もしアナリストがマネジャーの情報の流れの主流から外れていれば、協力などありえないのである。

(3)マネジャーは課せられた責務を自分のプラスになるように変え、やりたいことを自分の責務に転化することによって、自分の時間を自由に操るようになることが求められている。

私が調査した経営トップは、その交際のうち自分ではじめたものは三二パーセントしかなかった。五パーセントは、互いの合意で開始されたものだった。それでいながら、彼らはかなりの程度、自分の時間をコントロールしているようだった。それができるカギとなる要因が二つ存在する。

第一に、マネジャーは、どうしてもやらなければならないことのために大きな時間を費やすため、それを避けられない義務としか考えていなければ、組織になんの貢献も残さなかっただろう、ということである。仕事をうまく処理できなかったマネジャーは、失敗を、与えられた責務のせいにするものだが、有能なマネジャーは、自分のやらざるをえない責務を、自分のプラスになるように変えてしまうのである。

たとえば、講演は主張を広げる機会であり、会議は弱体な部門を再編成する機会であり、たいせつな顧客を訪問するのは業界情報を引き出す絶好の機会だと考えるのである。

第二に、マネジャーは、他人のためではなく、自分が重要だと考えることを行うために、それをどうしてもやらなければならない責務に変えてしまうことによって時間を捻出している、ということである。マネジャーの職務にあっては、自由な時間は見つけるものではなく、つくりだすものなのだ。スケジュールにむりやり押しこめていくものなのだ。瞑想にふけったり、総合的な計画を立てたりするための時間をいくらか残しておきたいと望むことは、職務上の圧力が消えてなくなることを望むのに等しいのである。

変革を望むマネジャーは、プロジェクトを自分で構築し、関係者が自分のところへ報告を持ってこなければならないようにしむけるし、特定の周辺情報が必要なマネジャーは、自動的に情報が入ってくるようなチャネルを設定し、現場視察に出かけなければならない場合には、それを自分を広く知ってもらうチャンスとして利用するのである。

マネジャーの教育

最後に、マネジャーの訓練について一言。現在のビジネススクールは、組織関係のスペシャリスト、たとえば経営分析家、マーケティング・リサーチャー、会計士、組織開発専門家などを訓練する優れた業績を残している。しかし、マネジャーの訓練に取り組んでいるところはほとんどない。(17)

技能訓練が知識学習に比肩する重要な位置を占めるようになれば、ビジネススクールは、マネジャーを真剣に訓練しはじめるだろう。知識学習は、書物を読んだり講義を聞くように、客観的な情報提供中心である。マネジャーの卵には、重要な知識を十分に消化吸収してもらわなければならない。しかし、頭で理解するだけでは泳げるようにならないのと同じく、知識学習だけでは人材は育たない。コーチが教室から外へも出さず、体をぬらしてもやらず、手足の実際の動かし方も教えずに水に飛び込ませれば、初心者は溺れてしまうだろう。

つまり、技術というものは、実際的にも理論的にも実行プラス、フィードバックを通じて学ぶものである。ビジネススクールは、マネジャーの用いる技術とは何かを明らかにし、このような技術に優れていそうな学生を選び、それを実行できる状況に学生をおき、行動のよしあしを学生にフィードバックしてやる必要がある。

マネジメント業務に関してこれまで述べてきたことのなかには、たくさんの重要な管理技術――同僚との関係の育成、交渉の遂行、部下のモチベーション、心の悩みの解決、情報ネットワークの構築と情報の発信、不確実な状況下での意思決定、資源の適正な配分などが示されている。つまるところ、マネジャーは実務を通じて学びつづけることができるように、自分の仕事について内省的でなければならないのである。

実際、マネジャーの持つ技術の多くは、ロールプレイングから実際の会議の録画まで、さまざまな技法を使うことによって熟達できる。ビジネススクールは、深い思慮に基づいてリスクを引き受け、変革をはかることを奨励する教課を考案することによって、企業家に必要な技術を高めることができる。

マネジャーの職務ほど会社にとって大きな重みを持つものはない。社会機構が我々に仕えてくれるのか、あるいは、我々の能力や資源を浪費するのかを決定するのはマネジャーである。いまや、マネジメント業務に関する神話から脱皮するときであり、マネジメント業務の実際において大きな改善を推進できるように、現実に即して研究するときなのである。

〔注〕

1・私の調査データはすべて、Henry Mintzberg, *The Nature of Managerial Work*（New York: Harper & Row, 1973）に収録。
2・Robert H. Guest, "Of Time and the Foreman," *Personnel*, 一九五六年五月号、四七八ページ。
3・Rosemary Stewart, *Managers and Their Jobs*（London: Mac-millan, 1967）、またSune Carlson, *Executive Behavior*（Stockholm: Strömbergs,1951）を参照、これは日誌研究の緒となるもの。
4・Francis J. Aguilar, *Scanning the Business Environment*（New York: Macmillan, 1967）、一〇二ページ。
5・Irving Choranによる未完の研究、Mintzberg, *The Nature of Managerial Work*の中に報告された。
6・Robert T. Davis, *Performance and Development of Field Sales Managers*（Boston: Divison of Research, Harvard Business School, 1957）, George H. Copeman, *The Role of the Managing Director*（London: Business Publication, 1963）。
7・Stewart, *Managers and Their Jobs;* Tom Burns, "The Directions of Activity and Communication in a Departmental Executive Group, "*Human Relations*, 七巻一号、七三ページ。
8・H. Edward Wrapp, "Good Managers Don't Make Policy Decisions," HBR, 一九六七年九-一〇月号、九一ページ。ラップは、この論文を業務遂行上の問題と意思決定の一連の流れにおける機会と関係を指摘したものとしている。ラップはこのなかで、この分析に関する秀れた論点を、数多くあげている。
9・Richard E. Neustadt, *Presidential Power* (New York: John Wiley, 1960) 一五三-一五四ページ。
10・この問題について、もっと詳しい、しかし少し違った見方の検討を知りたい時には、Kenneth R. Andrews, "Toward Professionalism in Business Management," HBR, 一九六九年三-四月号、四九ページ参照。
11・C. Jackson Grayson, Jr. は、HBR, 一九七三年七-八月号、四一ページの "Management Science and Business Practice" のなかで、なぜ彼が経営学者とし

ての前職において、まさに推奨してきたテクニックを価格委員会の委員長になって使わなかったかを、同じような表現で説明している。

12・George C. Homans, *The Human Group* (New York: Harcourt, Brace & World, 1950)、これはWilliam F. Whyte の *Street Corner Society* 改訂版（Chicago: University of Chicago Press, 1955）に準処している。

13・Neustadt, *Presidential Power,* 一五七ページ。

14・Leonard R. Sayles, *Managerial Behavior* (New York: McGraw-Hill, 1964)、一六二ページ。

15・役割の分担の検討のためには、Richard C. Hodgson, Daniel J. Levinson, and Abraham Zaleznik, *The Executive Role Constellation* (Boston: Division of Research, Harvard Business School, 1965)。

16・James S. Hekimian and Henry Mintzberg, "*The Planning Dilemma,*" *The Management Review,* 一九六八年五月号、四ページ。

17・J. Sterling Livingston, "Myth of the Well-Educated Manager," HBR, 一九七一年一・二月号、七九ページ。

Column 1

マネジメント業務に関する研究

マネジャーの業務が、経営のあらゆる面で中核的な重要性を占めていることを考えると、それに関する研究の少なさと、一つ一つの研究の成果が系統的に組み上げられてこなかったことに驚かざるをえない。

マネジメント業務を解明しようとして調査をし、広く論文を調べ、私はその研究成果を二つの異なった側面に焦点をあててまとめた。

一つは仕事の特質で、マネジャーはどのくらい長く働くのか、どこで、どのようなペースで、どのような割り込みを受けて、だれと働くのか、どのような手段で意思疎通をはかるのかである。そしてもう一方の研究は、仕事の基本的な内容で、マネジャーはどのような行動を実際にとるのか、そしてそれはなぜなのかに焦点をあてたものだ。

したがってある研究者は、マネジャーがワシントンの事務所で三人の政府役人と四五分すごしたことに注目するかもしれないし、別の研究者は、マネジャーが規制を変えてもらうために、ある提出法案について会社の立場を述べたと記録するかもしれない。

マネジメント業務に関する研究で広く知られているものも若干はあるが、ほとんどのものは雑誌掲載論文や単行本として埋もれたままになっていた。私の引用した重要性の高いもののなかには、次のようなものがある。

①スネ・カールソンは、九人のスウェーデン人の重役の業務を研究するため、日誌法を用いた。各人が自分の行動を詳細に記録したものである。カールソンの調査結果はその著書、*Executive Behavior*に報告されている。その後、多くのイギリスの研究者がカールソンの手法を用いたが、なかでもローズマリー・スチュアートが名高い。*Managers and Their Jobs*のなかで、彼女は四週間にわたってイギリスの会社のトップとミドルのマネジャー一六〇人を対象に、特に彼らの業務の相違に着目して調査を行った。

②レナード・セイルスの著書*Manegerial Behavior*は、もう一つの重要な文献である。彼は「人類学的」と称する手法を使って、アメリカの大会社の中・下級マネジャーの業務内容を調べた。セイルスは会社に自由に出入りし、重要だと思える情報を手当たりしだいに集めたのである。

③多分最もよく知られているものは、*Presidential Power*だろうが、そのなかでリチャード・ニュースタットは、ルーズベルト、トルーマン、アイゼンハワーの三人の大統領の権限とマネジメ

ント行動を分析している。ニュースタットの手法は、書類などの資料と本人以外の人々へのインタビューによった。

④ロバート・H・ゲストは*Personnel*のなかで、フォアマンの仕事日の業務調査を報告している。アメリカのフォアマン五六人を観察し、それぞれの行動が八時間一交代のなかで記録された。

⑤リチャード・C・ホジソン、ダニエル・J・レビンソン、アブラハム・ザレズニックは、アメリカの病院の最高幹部三人で構成している一つのチームを調査した。この調査から彼らは、*The Executive Role Constellation*を著わした。彼らは特に、業務と社会的意思の役割がどのように三人の間で分割されたかを扱っている。

⑥ウィリアム・H・ホワイトは、不況時のやくざの研究から、*Street Corner Society*を書いた。彼がやくざのリーダーシップに関して見出した事実は、ジョージ・C・ホーマンが、*Human Group*のなかで分析しているが、やくざの親分と会社のマネジャーとの間で、職務の内容がおもしろいほど似ていることを示している。

私自身の調査は、アメリカ国内の中から大規模な組織の、コンサルタント会社、技術系会社、病院、消費財関連会社、学校の五人の経営トップを対象としている。

「組織的観察」と呼ばれる手法を使って、経営トップ一人ひとりを一週間、徹底的に観察し、郵便物の一つ一つ、会話の一つ一つについてまでさまざまな側面を記録した。それによって、仕事の特質と職務内容の両者についてデータが把握できるように手法を考案した。全体で、受け取り、発送された八九〇通の郵便物と、三六八の会話を分析した。

Column 2

マネジャーの職務〈回想録〉

一九七五年に本稿「マネジャーの職務：その神話と事実との隔たり」を発表後、多くのマネジャーからコメントが寄せられた。ほとんどが、「これを読んで納得した。私が仕事を途中で邪魔されたり、次々と生じる問題に振り回されて処理に忙殺されている間、きっとほかのマネジャーたちは、計画、組織化、調整、管理といった仕事を整然とこなしているものと思い込んでいたからだ」というものだった。しかしこの論文の内容は、彼らにとっては珍しくもなく、すべて当たり前のことだったの違いない。それなのに、なぜこうしたリアクションが生じるのだろう。

一方、この論文を紹介した記事が「ニューヨークタイムズ」紙に掲載されると、二人のマスコミ関係者がインタビューを求めてきた。そのときのリアクションの違いの、あまりの落差をどう説明すればよいのだろうか。彼らは、「マネジャーたちにこのメッセージを届けることを、我々がよろこんでいるとでも思っているのですか」と述べたのだ。私はいまだにこのコメントに面食らう。彼らはニューヨークタイムズの書評しか読んでいなかったのだが、それはマネジャーをこれ以上いじめるな、というものだった。

これについて一九九〇年現在、私はこう考えている。すなわち、これはマネジメントに対するまったく違った見方ではなく、マネジメントが持つもう一つの側面を提示したものである。私は、長い間支配的だった専門能力に対比する、洞察力だと考えている。洞察力はコミットメントの重要性を強調し、専門能力は計算を重視する。前者は総合的な観点から世界を見るが、後者は世界をポートフォリオのコンポーネントの一つとして理解する。専門的能力は言葉と数字で理論的に仕事を進め、洞察力はマネジャーのインテグリティのイメージと感覚に根ざすものだ。

それぞれの面が、別な種類の「知る」ことを意味しており、それがこの論文に対する多くのマネジャーに見られたリアクションの説明になると思われる。彼らは、頭ではマネジャーは何をすべきかを理解していた。計画、組織化、調整、管理するのが自分の仕事なのだ、と。しかし心の奥底では、それは正しくないと感じているのである。この論文では、彼らが本当に「知っていた」ことにより近いものだったのかもしれない。マスコミ関係者に関しては、彼らはそのような形ではマネジャーを非難していなかったが、マネジメントの頭脳様式があまりに広がり、それらが彼らの世界をあまりにも非人間化していることに異を唱えていたのである。

実際的には、マネジメントはその両面性を有していなければならない。専門能力と洞察力との間でバランスを保たなければならないのである。たとえば、私はマネジメント上のコミュニケーションのほとんどが、もともと口頭で行わるもので、コンピュータの出現は重役室においては基本となるものを何一つ変えてはいなかったのだということに気がついた。この結論を私はいまだに保持している。パーソナル・コンピュータがもたらす最大の危険性は、マネジャーがパソコンに真剣に取り組み、その結果、自分のオフィスにいながら、デジタル表示を見るだけでマネジメントが可能だと信じ込んでしまうことにある。

また、職務代表にともなうジレンマについては、私も以前は定期的な報告、聴取、すなわち言葉をかけることで解決可能だと思っていた。しかし今日では、自分が心の中に抱いているイメージや印象を伝えるために、マネジャーはもっと多くの手段を持つ必要があると考えるようになった。これは、戦略的ビジョン、文化、マネジメントにおける直感と洞察の役割についての関心が再び高まっていることの説明にもなる。

マネジャーの仕事を説明するために私が用いた一〇の役割も、マネジメントの専門能力を反映したものである。そのなかで、マネジャーは仕事を統合すること以上に、仕事の分解に力を注いでいた。私がそれらの役割のなかで優先順位をつけようとしたことは、たしかに洞察力よりもマネジメントの従来の側面と一致しているように思える。組織の人間全員が、これらの活動を意味あるものにすることで、人をやる気にさせるようなイメージやビジョンを策定するマネジャーに、情報知識を与える行動を起こすことはできないものなのだろうか。

おそらくここに報告された調査で、私がいちばんがっかりしたことは、それが新たな取り組みを刺激しなかったことだ。マネジメントに多大な関心を寄せる世界においては、多くの資料、文献のほとんどが軽薄で、学術的な調査も月並みなものばかりである。いうまでもなくここ一五年間、多くの研究が行われてきた。しかし大多数は、それまでの調査研究をなぞるものだった。特にマネジャーの仕事の基本的内容に関しては、いまだにはなはだ無知である。そしてその実践においては、我々が大きな問題やジレンマに取り組むことはめったにないのである。

しかし、浅薄であることのみがこの論文の問題ではない。これはマネジャーの仕事における職務上の障害なのである。最初、私はこの問題には対処可能だと考えていた。しかし、いまではこれはマネジャーという仕事につきものなのだと考えるようになった。なぜなら、洞察的マネジメントは、密接なコンタクトに由来する直接的な体験と、パーソナルな知識によって左右されるからだ。巨大化し複雑化した組織においては、その実現はますます困難になる。そのためマネジャーは、ますます専門能力に依拠するようになり、二つの面の間のデリケートなバランスが失われるのである。

いうまでもなくトム・ピーターズとロバート・ウォーターマンが、その著書『エクセレント・カンパニー』で示したように、一部のマネジャーは、企業の規模にかかわらず豊かな人間性を保持している。しかしその著書への驚異的な支持は、自分もその一部になりたいと我々が長い間あこがれてきた、例外的な組織を取り上げているからであって、実際に我々が働いている組織についてではないからである。

一五年前私は、「社会において、マネジャーの仕事以上に重要なものはない。組織が我々のためになっているのか、我々の才能と資源を浪費していないかどうかを決めるのはマネジャーだ」と指摘した。そしていま、これまで以上に我々は、マネジャーの仕事についての神話のベールを剥がし、その困難な事実に立ち向かわなければならないのである。

Column 3

マネジャーのための自習問題

【1】情報をどこで、どのようにして手に入れるか。自分のつきあい関係を情報収集のためにもっと利用することができるか。だれかほかの人が、自分の調査のいくぶんかを肩代わりしてくれることができるだろうか。自分の知識が最も弱いのはどの分野だろうか。また、どうすれば自分の必要な情報を集めてくれる人を獲得することができるだろうか。組織のなかと、周辺環境において、理解しなければならないことを十分に把握できる頭脳を持っているだろうか。

【2】組織内でどのような情報を発信しているだろうか。自分の部下が私の情報を入手するということが、どの程度、重要なことだろうか。情報を伝達することは時間がかかり、迷惑だということから、情報を自分の手元におきすぎていないだろうか。どうすれば、ほかの人が、よりよい決定ができるように、より多くの情報を与えることができるだろうか。

【3】情報収集と行動のバランスがとれているだろうか。情報が入る前に行動しがちではないか。あるいは、すべての情報がそろうのを待ちすぎて機会を逸し、そのことが組織のネックとなっていないだろうか。

【4】どの程度の変革を、自分の組織に受け入れるよう命じているだろうか。この変革が、我々の

業務遂行を過度にストップすることも、むちゃに分裂することもないようにバランスがとれているだろうか。我々は、この変革が組織の今後に与える影響について十分、分析をすませているだろうか。

【5】部下の提案について判断を下すのに十分なだけの情報を得ているだろうか。提案の最終決定権をもっと部下に持たせることが可能だろうか。部下が事実上、あまりにたくさんの決定を我々に相談せずにやるために、その調整上の問題を抱えていないだろうか。

【6】自分の描く組織の将来像は何か。計画は、そもそも漠然としたかたちで自分の頭にあるものなのか。自分以外の人がする意思決定をうまく誘導するために、計画をもっと明確にすべきではないか。それとも、計画を自分の意のままに変更できる柔軟性が、自分には必要なのだろうか。

【7】自分の管理スタイルに部下はどのように反応するだろうか。自分の行動が部下に与える強力な影響について、十分わきまえているだろうか。自分の行動に対する部下の反応を完全に理解しているだろうか。励ましと抑圧の間で適切なバランスがとれていると思うか。部下の独創性の芽を摘んでいないか。

【8】どのような外部との関係を保持しているだろうか。そして、それをどのようにやっているか。この関係を保つのに時間をかけすぎているのではないか。もっとよく知ったほうがよいタイプの

人がいるだろうか。

【9】自分のスケジュールづくりにきちんと筋道が立っているだろうか。それともただ、その時々の状況に合わせて反応しているだけではないか。自分の行動に適切な組み合わせがあると思うか。それともただ興味にまかせて、特定の機能とか、ある種の問題に集中する傾向はないか。特定の仕事については一日のうち、あるいは週のうちで、特別のときにやるのがずっと能率があがるだろうか。自分のスケジュールはこのことを反映しているだろうか。だれかほかの人(自分の秘書だけでなく)が自分のスケジュールづくりの多くについて、責任を持って、しかも系統立ててやってくれているだろうか。

【10】オーバーワークではないか。業務量が自分の能率にどのような影響を与えているだろうか。むりにでも休憩をとったり、仕事のペースを落とすべきだろうか。

【11】自分のやり方は上すべりになりすぎていないか。仕事の進み方が必要とするように、素早く、かつひんぱんに気持ちの切り替えができているだろうか。仕事が断片的になったり、邪魔が入ったりする量を減らす努力をすべきだろうか。

【12】いま起こっている具体的な業務に、あまりのめりこんでいないだろうか。仕事の動きとおもしろみにとらわれてしまって、案件に集中することができなくなっているのではないか。重要

な問題に、必要なだけの注意が払われているだろうか。読書をして特定の案件について深く探ってみることに、もっと時間を使うべきか。もっと内省的になりうるか、内省的になるべきか。

【13】異なった手段を適切に使っているか。文字を使ったコミュニケーションを、できるだけ利用する方法を知っているか。顔を合わせてするコミュニケーションに頼りすぎて、数人を例外として、全部の部下を情報面で不利な立場においていないか。自分の会合予定は定常的になっているものが多いか。自分の組織を回って自分の目で活動状況を見るのに十分な時間を使っているか。ものごとを抽象的にしか見ないために、自分の組織の動きに中心から外れすぎていないか。

【14】自分自身の権利と義務をどのようにバランスしているか。当然やらねばならぬことで、自分の時間は全部消えてしまっているか。組織を自分の思う方向に確実にもっていくために、どうすれば責務から解放されるか。どうすれば、責務を自分のためになるように転化できるだろうか。

第2章

リーダーとマネジャーとの違い

What Leaders Really Do

ジョン P. コッター
John P. Kotter

ジョンP. コッター　John P. Kotter
ハーバード・ビジネススクール教授でリーダーシップ論担当。主な著書に*Leading Change*（HBS Press, 1996, 邦訳『２１世紀の経営リーダーシップ』日経ＢＰ出版センター刊、1997年）、*What Leaders Really Do* (HBS Press, 1999, 邦訳『リーダーシップ論』ダイヤモンド社刊、1999年）など多数。またビデオに、*Leadership*（1991）／*Corporate Culture*（1993）がある。

【論文初出データ】
What Leaders Really Do（HBR, 1990年5-6月号）
リーダーシップ強化法（DHB, 1990年8-9月号，梅津祐良訳）

リーダーシップとマネジメントは違う

リーダーシップとマネジメントは別ものである。しかもそれは、大方の人々が予想しない理由によってである。リーダーシップは、神秘のベールに包まれているわけでも、怪しげなものでもない。次のような見方、つまりカリスマ性など特殊な人格的資質を持っていなければリーダーにはなれない、リーダシップは一部のエリートだけに許される聖域である、リーダーシップはマネジメントに勝るもの、あるいはマネジメントのかわりとなりうるものだ、これらはいずれも真理をついたものではない。

むしろリーダーシップとマネジメントは、別々の個性を持ちながら、お互いを必要としているといえ、どちらも独自の役割と特徴を持っている。そして複雑さと変化の度合いが増すビジネス環境においては、ともに欠くべからざるものである。

今日のアメリカ企業のほとんどは、マネジメントの過剰と、リーダーシップの不足に陥っており、リーダーシップを発揮するための土壌づくりが求められている。リーダーが天から降ってくるのをただ待っているような企業には、成功の見込みはない。リーダーの資質を持つ者を本気で探しだし、その資質を伸ばせるようなキャリアパスに乗せることが必要だ。慎重に人材を見立て、眼鏡にかなった逸材を発掘したら、手塩にかけて育て、意欲を引き出す。そうすれば、社内の要所要所で活躍する、何十というリーダーを輩出するのも夢ではなくなる。

だが、将来のリーダー候補に帝王学を授ける一方で、肝に銘じておかなければならないことがある。リーダーシップのみが突出して、マネジメントが手薄になってしまうのは、逆の場合と同様に困ったこと、あるいはいっそう手に負えないことだ。優れたリーダーシップとマネジメント力を備え、なおかつ、この両者をうまくバランスさせられるかどうかに真価がかかっている。

あえて書くのは野暮かもしれないが、リーダとしてもマネジャーとしても有能な人間が、世の中にあふれているわけではない。マネジャーとしては成功する力を持っていても、強力なリーダーシップは発揮できないタイプもいれば、リーダーとしては将来が楽しみであっても、マネジャーとしては疑問符がつく者もいる。それぞれのタイプの長所を重んじ、組織人として丹精して育てあげるのが、賢い企業のなせる技である。

こうした企業は、エグゼクティブを養成する段になると、マネジャーとしてもリーダーとしても優秀なスーパーマンなどいない、という最近の論調を無視し、リーダー兼マネジャーをつくりあげようとする。しかしながら、実は、これは賢明な判断といえるのである。リーダーシップとマネジメントの根本的な違いを理解すれば、一線級の人材を、優れたリーダー兼マネジャーに養成する道は開けるのである。

マネジメントの役割、リーダーシップの役割

複雑な環境にうまく対処していくのが、マネジメントの役割である。我々がマネジメント経験を積み、その手法を身につけることができたのは、二〇世紀の偉大な革新の一つである大組織の出現を見たからこそである。マネジメントがお粗末では、複雑な企業はカオス（混沌状態）的状況に陥り、自壊しかねない。マネジメントがしっかりしていれば、製品の品質や収益性といった重要な問題について、ある程度の秩序と一貫性をもたらすことができる。

これに対してリーダーシップとは、変革を成し遂げる力量を指す。近年リーダーシップの重要性が高まっている背景の一つに、ビジネス世界で、競争と変化が激しさを増していることが挙げられる。技術革新のスピードアップ、国際競争の激化、市場での規制緩和、資本集約的な業界での設備の過剰、安定性を失った石油カルテル、ジャンク・ボンドを武器に企業を手玉に取る乗っ取り屋、労働力の人口構成の変化などは、どれもその端的な例である。

その結果、昨日までと同じことを繰り返していたのでは、あるいはそれを少しばかり改善したくらいでは、もはや成功を手にすることなどできなくなっている。こうした新しい環境を生き抜き、競争の勝者になるためには、これまで以上の大変革が求められる。そして変革が頻繁であればあるほど、リーダーシップ待望論が強まるのは必定である。

軍隊を例にして説明するのがわかりやすいだろう。平時には、階級の上から下までマネジメントが行き届き、上官の目が光っていれば、軍隊はふつうは生きながらえることができる。だが戦争が勃発すると、あらゆる階級でリーダーシップが必要になる。戦時の効果的マネジメント法など、だれにもわかっていないのだから、マネジメントだけでは状況に対処できず、リーダーシップが発揮されなくてはならない。

マネジメントは複雑さに対処し、リーダーシップは変革を推し進めるというそれぞれの役割から、両者の違いが明確になってくる。マネジメントとリーダーシップにはともに、①課題の特定、②課題の達成を可能にする人的ネットワークの構築、③課題の実現、という共通する三つの仕事があるのだが、そのために用いる具体的手法にこそ、両者の違いがある。

こみいった環境をうまく泳ぎきるために、「計画の立案」と「予算策定」から着手するのが、マネジメントの流儀である。つまり、将来の目標(一般には翌月や翌年の目標)を定め、その達成に向けて詳細な実行ステップを決め、計画を完遂するために経営資源を割り当てる。

これとは対照的に、リーダーシップを発揮して、発展的な組織改革の端緒を開くには、まず「針路の設定」が必要になる。将来ビジョン(通常はかなり先までを視野に入れたビジョン)と、そのビジョンを実現するための変革の戦略をまず用意する。

マネジメントの手法では、計画立案の次には、「組織化」と「人材配置」によって、その計画をぬかりなく達成することを目指す。具体的には、計画達成に照準を合わせた組織構造を構築し、ポストを創設すること、適切な人材を充当すること、関連スタッフへ計画を伝達すること、計画実行権限を委譲すること、実行状況を把握する仕組みをつくること、などである。

同じ目的を達成するのに、リーダーシップはどうするかといえば、一つの目標に向けて組織メンバーの「心を統合」するのである。互いに手をとりあって、ビジョンを理解し、その実現に尽力できる人々に、新しい方向性を伝えるのだ。

では、計画の達成を確実にするための、それぞれの手法はどういったものだろうか。マネジメントの武器は「コントロール」と「問題解決」である。報告書やミーティングといった方法により、フォーマル、インフォーマル両面から計画と実績を綿密に比べ、両者の間にギャップが生じていないか目を光らせる。そして問題があれば、それを解決するためのプランを立て準備する。

リーダーシップがビジョンを達成するための手段は、「動機づけ」と「啓発」である。価値観や感性といった、根源的ではあるが、往々にして眠ったままの欲求に訴えかけることで、大きな障害をも乗り越え、正しい方向に導くわけだ。こうした行動をよりつぶさに調べれば、リーダーにどういったスキルが必要か、はっきりするだろう。

針路の設定と計画、予算の策定

変革の旗振り役である以上、その方向を決めることは、リーダーの最も重要な任務である。

針路の設定と計画の策定は混同されがちだが、両者はけっして同じではない。計画とは演繹的な性格を持つマネジメント・プロセスで、変革を実現するためではなく、目標どおりの結果を生むためにつくられるものだ。

これに対して針路の設定とは、どちらかというと帰納的であり、リーダーは幅広いデータを収集して、そこから、さまざまな事柄の説明根拠となるパターンや関係性を見つけだす。また針路設定によるアウトプットは、計画ではなくビジョンと戦略である。このビジョンと戦略は、事業やテクノロジー、企業文化が長期的にどうあるべきかを示すとともに、この目標を達成するための現実的な道筋をつけるものである。

一般的にビジョンは、人知を超越していると考えられている。たとえ才能があろうが、ふつうの人間がビジョンなど生み出せるものではないと。しかし、事業の方向性を適切に指し示すのは魔術ではなく、情報を収集・分析するという、ときとして、うんざりするような骨の折れる仕事である。ビジョンを明確に示せるのは魔術師ではなく、リスクに果敢に挑む、人望のある企業参謀である。

ビジョンと戦略は、人々をあっといわせるようなものである必要はない。目新しい点などいっさいないように思えるものが、最良の結果につながる場合もある。価値あるビジョンは平凡である、といっても過言ではないくらいで、そこにちりばめられたアイデアも、よく知られたものであることが多い。アイデアの組み合わせやまとめ方には斬新さが見られるかもしれないが、それですらないこともある。

スカンジナビア航空（ＳＡＳ）のＣＥＯ、ヤン・カールソンが描いたビジョンが、うってつけの例である。彼のビジョンは、出張で頻繁に飛行機を使うビジネスマンをターゲットに、同社を世界最高のエアラインにしようというものだった。航空業界で働く者ならだれでも、聞いたことがあるセリフだ。出張客はほかの顧客セグメントと比べて頻繁に飛行機を利用し、高めの運賃に対してもアレルギーがない。このため、この顧客層に狙いを絞ると、高いマージンや安定した売り上げ、そして高い成長性が見込める。

ところが、ビジョンよりも官僚体質が幅を利かせるこの業界では、こうしたシンプルなアイデアを集めて懸命に実行する企業は、かつてなかったのだ。ＳＡＳはこれに挑み、狙いどおりの成果を手にした。

ビジョンの生命線は、オリジナリティではなく、顧客や株主、社員など、たいせつなステークホルダー（利害関係者）の利益にいかに資することができるか、そして、そこから地に足のついた競争戦略を容易に導きだせるか、という二点にある。重要なステークホルダーのしかるべきニーズや権利を無視してしまう、たとえば顧客や株主よりも社員を優遇してしまうようでは、よいビジョンとはいえない。

また、しっかりした戦略がともなわなければ、これも困りものだ。業界の下位でどんぐりの背比べをしていた企業が、とってつけたように、業界ナンバーワンを目指すとぶちあげたところで、たんなる絵空事であって、とてもビジョンとは呼べない。

マネジメントの過剰とリーダーシップの不足に陥っている企業は、長期計画を金科玉条のごとく押しいただくという間違いをしてしまうことが多い。進むべき道をはっきりと示すことができず、また、厳しさを増すダイナミックな事業環境に適応できずにいることに対して、長期計画が特効薬の役目を果たすと、誤解しているのだ。こうした企業は、明確な針路を設定するということの意味を取り違えており、これでは経営が順調に進むはずもない。

長期の経営計画を立案するには、気が遠くなるような時間がかかるものだ。何か予期しない事態でも起きようものなら、そのたびに計画を練り直さなければならない。波乱に富んだ事業環境では、意表をつく出来事にもたびたび遭遇する。こうして長期的な計画を立てるのは、想像を超えた難事業となる。成功企業の多くが、計画期間があまりに長期にわたらないように留意しているのも、こうした理由からである。「長期計画を立案する」というのは、そもそも不可能でかつ矛盾した表現なのだ、という人もいるほどだ。

明確な針路を持たない企業にいたっては、短期的な計画を立てるだけで、まるでブラックホールに吸い込まれるごとく、とめどない時間とエネルギーを使ってしまう。ビジョンと戦略があれば、それを指針に適度な期間と労力で計画立案を完了させることができるが、そうでないと、あらゆる不測の事態を念頭において計画を立てなければならない。

このような場合、緊急時の対策をひねりだすのは出口が見えない延々とした作業となり、膨大な時間と集中力を必要とする（本来そのエネルギーは、もっとずっと重要な事業活動に振り向けられるべきなのだが）。そして、それでもなお肝心の、進むべき道筋がはっきりとは見えてこない。そうこうしているうちに、マネジャーたちは何のために計画を立てるのだろうと疑問を抱くようになり、立案プロセスは激しい権謀術数の道具になりさがってしまう。

計画の効果が最大限に発揮されるのは、針路設定のかわりとしてよりも、むしろそれを補完する役割が与えられたときだ。計画立案が効果的に進められると、現実に即した針路設定が行われているかを検証してくれる。同様に針路設定が適切であれば、焦点をうまく絞って実行可能な計画を立てられるようになる。つまり針路設定は、現実にそぐわない計画を切り捨て、実行に移すべき計画を選び出す助けとなるのだ（コラム1「針路の設定：アメリカン・エキスプレスのルー・ガースナー」を参照）。

人心の統合と組織編成、人員配置

近代組織の大きな特徴は、構成員が互いに依存しあっていることである。完全に自立している者など一人としておらず、社員のほとんどは仕事、技術、マネジメント・システム、階層などをとおして、大勢の人々と結びついている。こうした人と人とのつながりは、組織改革の試みの前に、特別大きな壁となって立ちはだかる。みんながしっかりと手を握りあって、同じ方向を目指して進まなければ、将棋倒しになってしまうだろう。マネジメント的発想を過剰なまでに仕込まれ、リーダーとしての鍛練が足りないエグゼクティブの目には、人々を同じ目標に向けて動かすというのは、組織編成上の問題と映る。だがそうではない。その本質は、人々の心を一つにすることにある。「組織編成」の目的は、物事をできるだけ計画に忠実に、しかも効率的に進めることである。組織の構成を決めるには、いろいろとむずかしい判断をしなければならないものだ。職務体系や指揮命令系統の決定、適材適所の人員配置、必要に応じた研修の実施、社員への計画の説明、そして、だれにどの程度の権限を委譲するかという判断など。計画の達成に向けた報奨制度の用意と、実現状況を把握する仕組みづくりも必要となる。

組織に関するこれらの意思決定は、いってみれば建築設計のようなものである。つまりどちらも、与えられた環境にふさわしい構造をつくりだせるかどうかがカギなのである。

人心の統合はこうした組織編成とは違う。メンバーの力を結集するのは、いかにうまく設計するかということよりも、いかにうまくコミュニケーションをはかるかという側面が強い。第一に、組織を編成する仕事よりも、多くの人々とのコミュニケーションが必要になる。しかもその相手は、部下にとどまらず、上司や同僚、他部門のスタッフ、仕入れ業者、政府当局そして顧客にまでおよぶ。ビジョンを実行するうえでポイントとなる人物、つまり実行を後押し、あるいは妨害する力を持つ人は、全員を対象にしなければならない。

現状の延長ではない新しい将来ビジョンを理解してもらうことは、短期計画を達成するために人々をまとめるのとはまったく違う重みを持つ、コミュニケーション上の挑戦ともいえる試みである。アメリカン・フットボールのクォーターバックが、試合中にすぐ次の動きをチームメンバーに指示する場面と、シーズン後半戦で初めて使う新戦法を説明する場面を思い浮かべていただければ、両者の隔たりをご理解いただけるのではないだろうか。

いかに美辞麗句を並べ立てようが、慎重に選びぬいた殺し文句で攻めようが、ビジョンを受け入れてもらうのは容易なことではない。しかも、理解されたからといって、受け入れられるとはかぎらない。そこで、リーダーにとっては、信頼を得られるかどうか、伝えようとする内容を信じてもらえるかどうかが、腕の見せどころとなる。信頼されるには、それまでの実績や、誠実さや信頼性についての評判、言行が一致しているかどうか、そして伝えようとするメッセージの内容そのものなど、多くの条件をクリアしなければならない。

人心を一つにするというプロセスは、社員のエンパワーメントにもつながる。これに対して、組織化をとおして社員が権限を与えられることは稀である。市場や技術の急激な変化にうまく適応できない場合、企業の構成員の大多数が、自分は無力だと感じていることが原因として考えられる。外部環境に大きな変化が起こっていることを正しく察知し、適切な行動を起こしても、組織の上層部に反対する人物がいれば、自分にはなす術がないことを、それまでの経験から知っているからだ。「方針に反して」「そんなことをしている余裕はない」「黙って言われたとおりにしていればいい」などといった叱責の言葉が、彼らの脳裏に刻み込まれている。

人心を統合する作業は、人々に対してエンパワーメントを行うことで、この問題を克服しようとする。第一に、組織全体に明確な針路が示されていれば、底辺部にいる人々も、前述したような無力感にさいなまれずに行動を起こすことができる。その行動がビジョンに沿ったものであるかぎり、上司もそうやすやすとは非難できない。第二に、全員が同じ目標に向かっているため、構成員どうしの摩擦が原因でだれかの行動が妨げられる可能性も低くなる（コラム2「社員の心を一つにする：イーストマン・コダックのチャック・トローブリッジとボブ・クランダル」を参照）。

動機づけとコントロール、問題解決

変革への道のりはけっして平坦ではない。しかし、そのイバラの道を進もうという熱意あふれる行動は欠かせない。組織変革が成功するかどうかは、組織メンバーからこうした熱意を引き出せるかという、リーダーの力量にかかっている。針路の設定は変革の道筋を明確にし、人心の統合はその道筋にしたがって人々を歩み出させる。そしてモチベーションがうまくいけば、組織のメンバーは、なんとしても目的地までたどり着いてビジョンを実現しようという情熱を抱くようになる。

マネジャーは、現状と計画を比べて、両者の間に乖離が見つかった場合には必要なアクションをとる。たとえばマネジメントが徹底した工場では、計画段階で適切な品質目標を定め、組織化プロセスではその目標を実現できる組織づくりをし、実績が目標に達していない事態に直面していれば、コントロール機能がすぐにそれをチェックする。けっして二カ月も三カ月も放っておくようなことはない。

モチベートされた熱意ある行動は、マネジメント重視の組織にはそぐわない。コントロールこそがマネジメントの本質だからだ。マネジメントは、失敗ともリスクとも無縁であるべきで、一般的ではない特殊なものに頼ってはいけないのである。システムと構造を構築するのは、ふつうの人々がふつうのやり方で、毎日の平凡な仕事をうまくこなせるようにするためである。血わき肉おどるような冒険の世界とは無縁だ。それがマネジメントというものである。

だが、リーダーシップは違う。壮大なビジョンを夢でなく現実のものにするには、強烈なエネルギーが必要だ。コントロールすることで組織の構成員を正しい方向に導くのではなく、動機づけと啓発によって、人々の内なるエネルギーを燃え立たせるのだ。

そのコツは、達成感や帰属感、認められたいという気持ち、自尊心、自分の人生を自分で切り開いているという実感、理想にしたがって生きているという思いなど、人間としての基本的な欲求を満足させることである。根源的な欲求が満たされるのは、人間にとってこたえられないものであり、それが大きなエネルギー源となる。

有能なリーダーは、人々をモチベートする術に長けている。なによりも、相手の価値観に訴えながら、組織のビジョンをはっきり伝えようとするため、仕事に対するロイヤルティを高める。また、みんなと一緒になってビジョンの実現方法、あるいはその一部を決めようとするため、組織を動かしているという実感を社員に与える。ビジョンを実現しようと努力する社員を手助けするのも、重要な動機づけの手法だ。

具体的には、コーチング、フィードバック、ロール・モデリングなどによって、職業人としての成長を助け、自信をつけさせるのである。そして最後に、成功を認め、褒めたたえることだ。褒められた社員は、達成感にひたり、組織が自分たちを気にかけてくれていると感じる。こうしたさまざまな方法によるモチベーションの結果、いつしか仕事そのものによって動機づけられるようになっていく。

事業環境が変化に満ちていればいるほど、リーダーは、組織内のほかの人たちを啓発してリーダーシップを発揮させる必要がある。この努力が実を結ぶと、組織全体にリーダーシップを持つ人々が増え、彼らが階層の各段階でリーダーとして多様な役割を果たすようになる。複雑な業界で変化の波を乗り切るには、大勢の人々がイニシアチブを発揮しなければならない。このため、多くのリーダーが輩出するのは願ってもないことである。変革を成功させるためには、これほど効果のあるものはないのである。

もちろん、多くの人がリーダーシップをとるようになると、全員が一つの目標に向かって一致団結するとはかぎらず、意見の衝突も増えてくる。船頭が多い状態で船が沈まないようにするには、リーダーたちの行動を注意深く調整しなければならず、それには従来型のマネジャーどうしの調整とは違った調整メカニズムが必要になる。

多数のリーダーがうまく共存しながら活動するには、健全なカルチャーを育んでいる企業に特有の、インフォーマルで緊密な人間関係が役に立つ。フォーマルな組織構造がマネジャーたちの行動を調整するのと同じである。この二つの違いは、インフォーマルな人間関係のほうが、非日常的な活動や変革にかかわる調整を数多くこなせることだ。コミュニケーション・チャネルが多く、それらをとおしてつながる人々の間に信頼があれば、メンバーどうしがいつでも良好な関係を維持することができる。

こうした関係は、いさかいや衝突を解決するのにも役立つ。そしていちばんたいせつなのは、対話と協調から、バラバラで矛盾しあうビジョンではなく、調和のあるビジョンが生まれるという点だ。こうしたプロセスには、いずれもマネジャー相互の調整をはかるよりもずっと多くのコミュニケーションが必要であり、それを可能にするのはフォーマルな組織構造ではなく、インフォーマルで緊密な人的ネットワークである。

いうまでもなく、企業には多かれ少なかれ、インフォーマルな人間関係が存在する。しかし、そもそもネットワークが弱い（絆が強いのはごく一部で、全体としてのつながりは弱い）、あるいは断片化してしまっている（マーケティング・グループや研究開発チームの内部には強いインフォーマル・ネットワークが存在するが、両者にまたがった関係はない）ことが多い。これでは、多数のリーダーがうまくやっていけるかどうか心配だ。

組織の構成員どうしのインフォーマルな関係は重要であり、もしそれが存在しないのであれば、インフォーマルな人間関係の構築が、リーダーが最優先で取り組むべき課題となる（**コラム3**「社員を動機づける：プロテクター・アンド・ギャンブルのリチャード・ニコローシ」を参照）。

リーダーの輩出を促す企業文化の醸成

事業を成功させるうえで、リーダーの動きが重要になっている現実とは裏腹に、実務経験を積むにつれ、リーダーとしての資質を失っていく人も多い。ところが一部には、卓越したリーダーを次々と生み出している企業もある。採用にあたってリーダーとしての素養を見極めるのは、そのためのほんの序の口にすぎず、これは、と思う人物のキャリア・パターンを注意深く決めるのもたいせつなことだ。リーダーとしての重い責任に耐えられる者の多くは、キャリア上、互いに似たような経験を経てきているものだ。

そのなかでも、最も一般的で重要なのは、彼らが早い段階で、大きな試練にぶつかっていることである。真のリーダーとなるような人物は、きまって二〇代あるいは三〇代に実際にリーダーの役割を担い、リスクを負った成功や失敗から学んだ経験を積んでいる。こうした体験は、広範なリーダーシップ・スキルを体得し、広い視野を身につけるうえで欠かせない。またリーダーシップの発揮がいかにむずかしいか、リーダーシップがどれだけ大きな変革推進力を秘めているか、身をもって学ぶのも、こうした機会をとおしてなのである。

その後こうした人々は、経験や視野をさらに広げるための、これもたいせつな機会にめぐりあう。重要な職務を遂行するうえでリーダーシップをうまく発揮できる人は、そこにいたる途中で、マネジメントの枠を超えて飛躍するチャンスに、必ず遭遇しているものだ。一般的には異動や早い時期の昇進によって、幅広い職務を経験していることがこれにあたる。また、特命事項を扱うタスク・フォースの一員に任命されたり、ゼネラル・マネジャーとして長い経験を積むことが、役に立つこともある。

具体的な経験は人それぞれではあるものの、こうして蓄えられた幅広い知識は、必ずやリーダーの血となり肉となっていく。そして、社内外の人脈もリーダーにとって欠かせない資産である。こうした機会が多くの人に与えられると、その相互関係がまた、多数のリーダーの活躍を助けるインフォーマルな人的ネットワークの形成につながることになる。

リーダー育成という点で優れた力量を誇る企業では、やりがいのあるむずかしい仕事を若手に任せている。カギは分権化にある。つまり文字どおり、組織の下層部に責任を下ろし、困難な仕事を与えるのだ。ジョンソン・エンド・ジョンソン、3M、ヒューレット・パッカード、ゼネラル・エレクトリック(GE)といった企業が、こうしたアプローチを採用し、高い成果を上げている。これらの企業のなかには、組織をできるだけ小さい単位に分け、組織の底辺にも挑戦的なゼネラル・マネジメントの仕事をつくりだしているところもある。

新製品や新サービスをテコに事業を成長させることで、チャレンジの機会を設けている企業もある。3Mは、五年以内の新製品から収益の二五パーセント以上を稼ぎだすという目標を長年持っている。こうした方針は、社内に小規模な新しいベンチャーを生みだし、それがリーダーの資質を持つ若手に、能力を試し、伸ばすためのチャンスを提供する。

こうした慣行があると、社員は自然と、中小の規模のグループや部門を指揮する仕事に慣れることができる。だが、重要なリーダーの仕事をこなせるように育成するには、経営幹部が一肌脱ぐ必要があり、これにはしばしば長い時間がかかる。まずは、早い段階で社員のリーダーとしての資質を見極め、それを伸ばすためにはどうすればよいかを判断することが肝要である。

繰り返すが、これは神がかり的なことではない。成功している企業の方法は、単純明快きわまりない。たとえば、経営上層部が若手や組織の底辺の社員と接触できる機会を設け、そうした機会をとおして、経営陣がポテンシャルのある人間に白羽の矢を立て、どのようにその資質を伸ばせばよいかを判断する。また経営幹部は、よりよい判断ができるよう、その時々の意見を交換している。

だれが将来のリーダーとして優れた資質を持っているか、またその能力を引き出すにはどうすればよいかが明確になったら、次は具体的な能力開発プランの作成に時間をかけることだ。これは、後継者選びや能力開発プロセスといったフォーマルな形式をとることもある。いずれにしても、各候補者についての現実的な能力開発機会が何か、知恵を絞ることがたいせつである。

素晴らしいリーダーのいる企業では、マネジャーをリーダー育成プロセスに関与させる目的で、この分野での功績を評価、褒賞の対象としている。こうした成果を正確に把握するのは困難なため、正規の報酬体系やボーナス支給額にそれが反映されることは珍しい。むしろ昇進を決める際の判断要素として、かなり大きな意味を持っているようである。

しかも組織の上にいけばいくほどその傾向は強まる。リーダーを育成できるかどうかが昇進を左右するとあれば、「リーダーは育てることなどできない」と公言している者ですら、重たい腰を上げざるをえなくなる。

こうした戦略の結果、強いリーダーシップを重んじ、リーダーを育成すべく努力する企業文化が醸成されていく。現代社会には複雑な組織が増えており、そこでは多くのリーダーが求められている。リーダーを生み出す企業文化を醸成するのに、多くの人が尽力することも必要になってきている。リーダーの究極の使命は、リーダーシップを重んじる企業文化を組織にしっかりと根づかせることなのである。

Column 1

針路の設定：アメリカン・エキスプレスのルー・ガースナー

ルー・ガースナーは、一九七九年にアメリカン・エキスプレスのトラベル・リレーテッド・サービス部門（TRS）のトップに就任した。当時TRSは、アメリカン・エキスプレスの一三〇年の歴史はじまって以来の試練に直面していた。多くの銀行が、競合関係にあるVISAやマスターカードとの提携クレジットカードを発行するようになっており、計画中の銀行も含め、その数は何百にもなっていた。加えて、金融サービス企業がトラベラーズ・チェック事業に参入する例も相次いでいた。成熟した市場にこれだけのプレーヤーがなだれこめば、利幅は小さくなり、個別企業の成長機会も奪われるというのが、常識的な見方だった。

しかしガースナーはこうした考えを否定した。アメリカン・エキスプレスに転じる前の五年間、彼はTRSをクライアントとするコンサルタントとしての立場から、赤字つづきのトラベル事業部と競争激化にあえぐカード事業を分析していた。その過程で彼のチームは、経済情勢や市場動向、競争状態について徹底的な検討を重ね、事業内容を深く理解するようになっていた。そのガースナーが構築したTRSのビジョンは、一三〇年もの歴史を持つ企業のそれとはとても思えないような内容だったのである。

無数の銀行がVISAやマスターカードと手を組んで猛攻を仕掛けているにもかかわらず、彼は、TRSにはダイナミックな成長企業としてのポテンシャルがあると考えていた。そのカギは、グローバル市場、とりわけ、従来アメリカン・エキスプレスの最高級製品がターゲットとしてきた富裕な顧客層に照準を合わせることだった。市場をよりセグメント化し、新製品や新サービスを積極的に投入し、いっそうの生産性向上とコスト低減を目指して投資する。これによってTRSは極上のサービスを提供し、可処分所得の多い顧客から、これまで以上の利用を期待できると考えられた。

就任から一週間もたたずしてガースナーは、カード事業部の主要メンバーを集めて、それまでの事業方針をただした。とくに、だれもが当然視していた、「事業部の製品はグリーンカードただ一つであるべきだ」「グリーンカードの成長と革新の可能性には限界がある」という二つの考えに疑問を投げかけた。

ガースナーはいち早く、起業家精神あふれる企業文化の醸成、そうした文化のなかで成功する人材の採用と育成、全体的な戦略の社員への伝達に着手した。トップ・マネジメントはいっせいに、頭を使ってうまくリスクを取ることを社内に奨励した。このほかにも、「起業家精神が育つ環境づくりを促進するための、不必要な官僚体制の排除」「採用基準の見直し」「TRSグラジュエート・マネジメント・プログラムの創設(高い資質を持つ若手にオリジナルの研修を施して経験を積ませ、トップ・マネジメントと深く交流できる機会を与える)」「グレート・パフォーマー(業績の優れた社員)プログラムの開始(リスクを恐れない精神を養うことと、ビジョンの中心的考え方である、比類ない顧客サービスを実現した人に報いることを目的としていた)」などさまざまな施策を次々と打ちだした。

これらの効果はすぐに表れ、新市場、新製品、そして新しいサービスが生まれた。結果、TRSの海外でのプレゼンスは急速に高まり、八八年までには、アメリカン・エキスプレス・カードは二九の通貨に対応するようになっていた。ちなみにその一〇年前までは、その数はわずか一一だった。また、それまでほとんど注目していなかった、学生と女性という二つのセグメントにも力を入れるようになった。

八一年、TRSはカードとトラベル・サービスの二事業を統合し、法人顧客に対して、出張費用をモニター・管理できる統合システムを提供した。そして八八年時点では、アメリカン・エキスプレスは全米五位の通信販売会社にのしあがっていた。

ショッピング・プロテクション(アメリカン・エキスプレス・カードで購入した製品がすべて、九〇日間保証されるサービス)、プラチナ・カード、〈オプティマ〉というリボルビング払いが可能なクレジットカードの新製品も生まれた。八八年には、イメージ・プロセッシングの技術を導入して利用明細の利便性を高め、しかも経費を二五パーセント削減した。

こうしたイノベーションの結果、TRSの純利益は七八年から八七年にかけて、なんと五〇〇パーセント、つまり年率一八パーセントも増加した。これは、ハイテク分野の高成長企業の多くをもしのぐ成長率だった。また、八八年のROE（株主資本利益率）の二八パーセントも堂々たる数字で、低成長高収益企業との比較ではトップクラスに位置した。

Column 2

社員の心を一つにする：イーストマン・コダックのチャック・トローブリッジとボブ・クランダル

イーストマン・コダックがコピー機業界に参入したのは一九七〇年初頭だった。一台当たりの平均価格が当時六万ドルで、技術的に最先端の製品分野に特化していた。その後一〇年間で、この事業は一〇億ドル近い売上げに成長した。しかし、高コスト体質と利益率低迷にはじまり、いたるところに問題が山積していた。そして八四年には、在庫を処分するため四〇〇〇万ドル近い損金を計上しなければならないありさまだった。このままではにっちもさっちもいかない状況であることは、だれの目にも明らかだったが、解決策は見出せずにいた。

チャック・トローブリッジが八四年設立のコピー製品グループのゼネラル・マネジャーに任命されたのは、そんな最中だった。就任後二カ月間というもの、彼はグループ内の主要メンバー全員、さらに社内でコピー機ビジネスに関連する主要人物すべてと会って話をした。そのなかで特に重要なのは、ボブ・クランダルが率いる、エンジニアリング・製造部門だった。

トローブリッジとクランダルは、エンジニアリングと製造に関して、「世界で一流の製造技術を身につけ、官僚体質とは無縁な、分権化された組織をつくる」というシンプルなビジョンを持っていた。だがこうしたわかりやすい考え方ですら、容易には理解されなかった。これはコピー製品グループにとどまらず、ほぼ全社の組織にとって、過去とのドラスティックな訣別を意味したからである。

そこでクランダルは新しいビジョンをしっかりと伝え、それを核に社員の心を一つにできるように、さまざまな取り組みをした。直属の部下一二人との毎週のミーティング、部門メンバーが交替でクランダルと対話する毎月のコピープロダクト・フォーラムで各マネジャーが部門の全メンバーを集めて実施する四半期に一回のステート・オブ・ザ・デパートメント(部門の現状)会議、いっそうの業績向上をはかる目的で、直近の業務改善や新製品について議論する場も設けた。

さらにクランダルは、部下と一緒に一カ月に一度、グループ内の社員八〇～一〇〇人ほどを集めて、議題を決めずに自由に意見を交わすようにした。最大のサプライヤーである装置事業部(コピー機の設計・製造に必要な部品の三分の一を供給していた)とも足並みをそろえるため、同事業部のトップ・マネジメントと毎週木曜日にビジネス・ランチをともにすることも慣例化した。

その後導入された施策には、ビジネス・ミーティングもある。マネジャーが、在庫管理や基本スケジュールといった具体的なトピックについて、一二～二〇人程度の社員とディスカッションするのだ。一五〇〇人いる製品グループの社員全員を、最低でも年に一回はこうしたミーティングに参加させるのが目標だった。

こうしたミーティングと並行して二人は、自分たちの考えを文章にしたため、社員に協力を呼びかけた。四～八ページの「コピー・プロダクツ・ジャーナル」が毎月、社員の手元に届けられるようになった。「ダイアログ・レター」では、社員がクランダルをはじめとするトップ・マネジメントに匿名で質問できる場を提供し、必ず回答するようにした。

だが、それにも増して目に見えて威力を発揮したのは、チャートだった。社内のカフェテリアにつづく廊下には、表やグラフがデカデカと貼り出され、各製品の品質、コスト、納品状況が、高めの目標と一目で比較できるように示されていた。表やグラフは通常サイズでもコピーされ、製造部門のすみずみにまで配付された。それを見れば、グループ別の生産量と品質レベルがわかるようになっていた。

こうしたさまざまな施策は、六カ月後には効果を発揮しはじめ、一年も経つと目に見える成果となって表れた。それがビジョンに威信を与え、さらに多くの社員の熱意を引き出す呼び水となった。ある主力製品などは、八四年から八八年にかけて、品質が一〇〇倍近くもアップしたほどだ。ユニット当たりの欠陥率は三〇から〇・三に減少し、別の製品ラインでは三年間でコストが二四パーセント低減した。八五年には八二パーセントしか納期を守れていなかったが、これも二年後には九五パーセントに改善し、生産量の増加にもかかわらず在庫量は、八四年から八八年にかけて五〇パーセント以上減少した。そして生産性（製造に従事する社員数当たりの生産量）も、八五年と八八年を比較すると、二倍以上の伸びを見せたのだった。

Column 3

社員を動機づける：プロクター・アンド・ギャンブルのリチャード・ニコローシ

プロクター・アンド・ギャンブル（P&G）の紙製品事業部は、高品質で手頃な価格の製品を効果的にマーケティングし、一九五六年の創設以来二〇年間、一人勝ちも同然の繁栄を謳歌していた。ところが七〇年代末にさしかかるころには、市場での地位に変化が起きていた。新興企業の攻勢により、大打撃を受けたのだ。七〇年代半ばに七五パーセントもあった使い捨て紙オムツのシェアが、八四年には五二パーセントにまで低下したことが、それを如実に物語っていた。

リチャード・ニコローシは、紙製品事業部よりも小規模の、変化の激しいソフト・ドリンク分野で三年ほど経験を積んだ後、八四年に紙製品事業部のゼネラル・マネジャーの補佐役に任命された。彼がそこで見たのは、ひどく官僚的で中央集権的な組織で、社員はみな自部門の目標やプロジェクトに没頭していた。顧客についての情報収集は、ほとんどすべてといってよいほど、定量的な市場調査の結果に頼っていた。技術部門ではコスト削減が重要な社員の評価基準とされ、営業部門の関心事はもっぱら販売量とシェアだった。そんな調子だから両者は犬猿の仲で、一触即発の状態だった。

八四年の夏も終わろうとしているある日、トップ・マネジメントは、来る一〇月にニコローシを紙製品事業部のトップに昇格させると発表した。そして八月には彼は、実質的にはトップとしての役割を果たすようになった。実権を握るとすぐに、たんに低コスト生産を目指すだけでなく、もっとクリエイティビティを発揮し、市場主導型の事業を展開する必要があると強く訴えた。のちに彼はこう述懐している。

「競争のルールが変わってしまったことを、みんなに、肝に銘じてもらう必要があった」

ニコローシのリーダーシップの下、チームの輪をたいせつにすること、多くのリーダーシップを発揮することが重要視されるようになった。また事業部と各製品のマネジメントに、集団指導体制を採用するという戦略も推進された。一〇月になると、ニコローシ率いるトップ・マネジメント・チームは、自らを紙製品事業部の「取締役会」と称し、月次の会議を行うようになった。これはやがて毎週開催されることになった。一一月には、主要ブランド・グループ(紙オムツ、ティッシュ、紙タオルなど)のマネジメントを担当する「カテゴリー・チーム」を立ち上げ、権限と責任を委譲した。彼は「一歩一歩前進など生ぬるいことをいっていたのではだめだ。飛躍的進歩を目指すことだ」と檄を飛ばした。

さらに翌一二月には、一部の施策を選んで、ニコローシ自身が深く関与するようになった。広告代理店と打ち合わせをして、クリエイティブ分野の主要メンバーとの面識をつくり、また階層を排除して、紙オムツのマーケティング・マネジャーには自分に直接報告するように命じた。新製品開発プロジェクトに従事する社員とのコミュニケーションを密にするよう心がけた。

八五年一月に「取締役会」が発表した新しい事業部構成には、カテゴリー・チーム制のほか、ブランド・ビジネス・チームという新構想も盛り込まれていた。つづいて春の声を聞くころには、紙製品事業部の新しいビジョンをできるだけ多くの人に知ってもらおうと、モチベーションのためのイベントを計画した。八五年六月四日、シンシナティを拠点とする地域セールス・マネジャーと工場のマネジャー総勢数千名が、地元のフリーメーソンの教会に集合した。ニコローシを筆頭とする「取締役会」の面々はそこで、紙製品事業部の新しいビジョンを説明し、「私たち一人ひとりがこの組織のリーダーなのです」と語りかけた。このイベントの模様はビデオに収録され、全営業所と工場に配布された。

こうした一連の施策が功を奏して、クリエイティビティと決断力あふれる企業文化が育まれ、多くの社員がビジョンの実現に向けて力を尽くすようになった。イノベーションのほとんどは、新製品を担当する社員のアイデアから生まれたものだ。八五年二月に発売された〈ウルトラ・パンパース〉は、〈パンパース〉全体の市場シェアを四〇パーセントから五八パーセントにアップさせ、採算点すれすれだった収益をプラスに転じさせた。また、八七年五月に〈ラブス・デラックス〉が市場に投入されると、このブランド全体のシェアは二・五倍に跳ねあがった。

社員による施策には、特定の職能組織に焦点を合わせたものもあり、末端の社員からのアイデアもあった。八六年の春には、新しい企業文化に刺激を受けエンパワーメントされた秘書たちが、セクレタリーズ・ネットワークを組織し、研修、評価と褒賞、「将来の秘書像」といったテーマの部会を設けた。多くの同僚たちの気持ちを代弁して、秘書の一人がこう語っている。

「事業部の進むべき道がはっきりしたのですから、私たちもそれに力を尽くしたいのです」

八八年末時点の紙製品事業部の業績は、四年前と比べて売上高が四〇パーセント増、利益が六八パーセント増となっていた。しかもこれは、競争環境が厳しさを増すなかでの快挙だった。

第3章

マネジャーとリーダー：似て非なる役割と成長条件

Managers and Leaders: Are They Different?

アブラハム・ザレズニック
Abraham Zaleznik

アブラハム・ザレズニック　Abraham Zaleznik
ハーバード・ビジネススクール名誉教授でリーダーシップ論担当。キング・ランチ会長、オグデン・コーポレーションズ、ティンバーランド、フリーダム・コミュニケーションズ、ブッチャーなどの役員。ビジネス・セッティングにおける社会心理学やリーダーシップの特徴の分類、マネジャーやリーダーの重役にふさわしい行動の心理学的解釈の専門家。主な著書に*Learning Leadership*（1993）、*Executivés Guide to Motivating People*（邦訳『ハーバードで教えるリーダーシップ』生産性出版刊、1993年）など多数。

【論文初出データ】
Managers and Leaders: Are They Different?（HBR, 1977年9-10月号）
マネジャーとリーダー　似て非なるその役割と成長条件
（DHB, 1997年5-6月号／1992年3-4月号 , 土屋敏明訳）

理想的なリーダーシップとは

リーダーシップを発揮することに、そもそも理想的なやり方などというものがありうるのだろうか。この問題についてさまざまな組織がその答を探ってきたが、それぞれの答え方には、権力の目的、配分、行使について苦心の考察が示されている。

ビジネス社会の場合は、マネジャーという新種の人間を進化させることでリーダーシップについて答えようとしている。同時に、個人的リーダーシップではなく、集団的リーダーシップを取り上げ、個人崇拝より集団崇拝ともいうべき権力の倫理を構築してきた。このようなリーダーシップは、一方において適性能力や統制力、競争力を生み出す集団間の権力関係のバランスなどを確保するが、他方においては、不幸にも企業の命運を左右する想像力、創造力ないしは倫理的行動を必ずしも確保しない。

もともとリーダーシップを発揮するには、周りの人々の考え方や行動に影響を及ぼすための権力の行使が必要である。ところが、えてして個人の手中におさめられた権力は、その人の心にある種の危険性をもたらす。第一に権力を握っていることと、業績を高める能力のあることとはまったく別なことであるにもかかわらず、これを同一視してしまう危険性である。第二に、自分以外の人が合法的に権力を身につけようとするのをしりぞける危険性である。そして第三に、権力に執着して自制心を失うことである。

ある意味で、集団的なリーダーシップや経営倫理を育てあげる必要があるのは、このような危険を避けるためだともいえる。しかし、その結果、組織の文化を固有の保守主義が支配するようになる。ジョン・D・ロックフェラー三世は、著書『第二次アメリカ革命』のなかで、組織の保守性について次のように述べている。

「組織は、それ自身の固有の論理を持ち、伝統と慣習が強大な力を持ったシステムである。何かを行う場合、以前に試みたことがあり、すでに証明されている確実な方法を好み、危険を冒すことを好まず、新しいことを拒む気風に満ちている[1]」

このような保守主義と慣習尊重の組織では、個人的指導者ではなく、マネジャーを育成することによって組織での権力の継承が行われることになる。こうした経営倫理が企業に官僚主義をはびこらせているのだが、皮肉なことに、企業こそ政府や教育界を官僚主義の支配から守っている最後の砦となっている。おそらく、個人の手中にある権力がもたらす危険は、組織が慣習と官僚主義的な保守性から逃れようとするならば、避けられないものなのだろう。

マネジャーとリーダーの性格

経営文化の本質的な特徴は合理性と統制である。マネジャーのエネルギーが目標、資源、組織構造、従業員などのいずれに向けられようとも、マネジャーは問題解決者だということである。「解決すべき問題は何か、従業員がこの組織への貢献をつづけるような成果をあげる最もよい方法は何か」と自問自答するのである。このような概念のもとでは、リーダーシップとは業務を指揮監督するための努力を指している。そして、マネジャーはこの課題を達成するために、部下にそれぞれの地位と責任に応じて働くことを要求する。

現在の民主主義社会では、よく訓練されたマネジャーを育成するという問題を独特な方法で解決しているが、同様の解決法は、政治、教育、医療その他の制度にも適用されうる。マネジャーになるためには天才的才能も英雄的資質も必要ではなく、むしろ忍耐や不屈さ、勤勉、知性、分析能力、そして最も重要なものとして寛容と善意とが求められる。

リーダーシップとは何かについて、偉大な人物だけが権力と政治のドラマに登場する価値があるとする、もう一つの概念は、ほとんど神秘的ともいえる信念となっている。この意味では、リーダーシップとは心理劇であり、そのドラマのなかでは、人は政治的組織を統制する以前に、孤独な人間として自分自身の統制ができなければならない。

リーダーシップに対するこのような期待は、リーダーシップとは人々の労働を本当に管理するものだという、世俗的、現実的ではあるが重要な概念とは、正反対のものとなってくる。

ここで、二つの疑問が浮かびあがる。第一に、このリーダーシップに関する神秘論は、我々が子どものとき、善良で立派な両親に対して抱いていた依存心やあこがれが、そのまま大人になっても神話として受けつがれてきたものかどうかということである。次に、リーダーを必要とする背景には、たとえいかにマネジャーが有能でも、目標を実現し労働の価値を生み出そうとしてもさまざまな制約を受けるため、リーダーシップを十分に発揮できない、という基本的な事実があるのかどうか、という疑問である。

目標の実現のための想像力とコミュニケーション能力に欠けるマネジャーは、狭い範囲の目標に追いまくられてしまい、集団内の葛藤を解決できず、大きな理想や目的に集団を向かわせることなど思いもよらないであろう。

また、たとえ問題が本当にリーダーを必要とするとしても、過去の例から判断すると、リーダーの選択と育成はまったく運まかせとなっている。優れたリーダーの訓練法など確立されていないからだ。そして、運まかせにしていること以上に大きな問題点が、有能なマネジャーの必要性と偉大なリーダーを望むことの間に存在している。つまり、実際上の責任をとる人々を確保するためにと考えて行うことが、偉大なリーダーの育成を抑制することになるかもしれず、反対に偉大なリーダーの存在が、リーダーのもたらす秩序の乱れを懸念するマネジャーの育成を害しているのかもしれないのである。

私が取り上げている対立――新しいリーダーを必要としているかもしれないのにマネジャー育成の訓練をする、またはマネジャーを犠牲にしてリーダーを育てるといったことを、マネジャーにもリーダーにもどちらにもなりうる人が必要なのだといってしまえばそれまでである。しかし私の見るところ、ことの真相は、ちょうどマネジャー・スピリッツが、企業のなかにリーダーが出現するときに生じてくる企業家精神と異なっているように、マネジャーとリーダーは非常に違った種類の人間だということだ。動機、経歴、思考および行動様式などの点においてそうなのである（**コラム「マネジャーとリーダー〈回想録〉」**を参照）。

目標に対する態度

マネジャーは目標に対して、受動的とはいえないまでも、非主体的な態度をとる傾向がある。管理上の目標は、その人の欲求というよりはむしろ、仕事の必要性から生じてくるものであり、したがって、組織の歴史と文化に深くかかわっているものである。

一九五八年から六七年までゼネラル・モーターズ（GM）の取締役会長を務めたフレデリック・G・ドナーは、製品開発に関するGMの意思決定という目標に対するマネジャーの、非主体的で受動的な態度について、次のように述べている。

「市場の動きに対処するため、我々は顧客のニーズと欲求の変化を事前に認識し、適正な期待に適正な場所で、適正な車を適正量だけ提供しなければならない。

我々は最終製品をつくるのに多くの妥協を必要とするが、この妥協と顧客の嗜好傾向とのつりあいをとらなければならない。つまり、信頼がおけると同時に、外観の美しい車を、また性能がよく、しかも安い価格で必要量だけ売れる車をつくらなければならない。我々がつくりたいと思う車でなく、顧客が買いたいと思う車を設計しなければならない。このことが最も重要なのだ(2)」

いかにして製品が生まれるかについてのこの記述のどこにも、顧客の好みや選択は、部分的にも生産者の行動の結果として生じるという考え方にはなっていない。実際、顧客は、製品のデザインや広告、販売促進をとおして、そのとき必要としているものが欲しているものだということを知るのである。

たとえばスナップ撮影を楽しむ人で、現像もできるカメラがほしいなどという人はほとんどいない。ところがどうだろう。ポラロイドカメラは新しさ、便利さ、スナップ撮りと写真を見る楽しみとの距離を縮めたいといった要望に応えて、市場に売り出されるや、たちまち大成功を収めたのである。しかし、エドウィン・ランドが消費者の欲求に応えたのかといえば、それはとても信じられない。そうではなく彼は、光のポラリゼーションという技術を製品に変えただけであり、それが消費者の欲望を刺激し、ふくらませたのである。

ポラロイドカメラとランドの例は、リーダーが目標について一般にどう考えるかということをよく示している。リーダーは何かに反応するのではなく、つねに能動的であり、またアイデアに反応するのではなく、創造していくのである。つまり目標に対し、主体的で能動的な態度をとるのである。ムードを変え、イメージや期待を喚起し、特定の欲求や目標を創出する場合のリーダーの影響力が、企業の方向を決定する。この影響の真の成果は、何が望ましく、何が可能であり、そして何が必要であるかについての人々の考え方を変えることにある。

仕事の概念

マネジャーとリーダーは何をするのか、それぞれの行動の本質は何なのだろうか。

マネジャーとリーダーはその考え方が異なっている。たとえば仕事をどう考えるかであるが、マネジャーは戦略を立て決定を下すため、相互に作用する人々とアイデアを結びつけ、問題解決を進めるのが仕事だと考える傾向がある。マネジャーは対案の利害、損失の算定、論争点のタイミングよい解決、緊張の緩和などを含む技能の活用によりその過程を促進する。その場合、マネジャーはさまざまな手を使う。すなわち、交渉し契約を結ぶ一方、アメとムチを用いるのである。

アルフレッド・スローンの行動が、この過程が葛藤状況ではどのように進むかを説明してくれる。一九二〇年代初期、フォードもGMも、古くからの水冷エンジンを用いて自動車業界を支配していた。当時、ピエール・デュポンの全面的バックアップを受けたチャールズ・ケッタリングは、空冷エンジンの構想に没頭していた。もし成功すればGMにとっては技術的にも市場面でも、画期的なものになるはずだった。ケッタリングはその製品化を信じていた。

しかし、GMの製造部門の幹部たちは懐疑的で、次の二つの理由で新企画に反対した。一つは技術的な信頼性が劣っているということ。もう一つは、当面の市場の状況にさからって新製品に投資することは、いわば全部の卵を一つのカゴに入れるように危険なことだ、というものだった。

二三年の夏には一連の失敗が重なり、顧客と販売会社から空冷式のシボレーを回収する事態に追いこまれたが、このときGMの経営陣は、その企画を組み直しはしたものの、結局、空冷式プロジェクトは握りつぶしてしまった。会社が新型エンジンの計画をボツにしたことを聞いたケッタリングは落胆し、スローンに手紙を送った。そのなかで彼は、自分の企画に反対する「組織的な抵抗」がなければ成功したであろうし、この企画が復活しなければ、会社を辞めるつもりだと書いた。

アルフレッド・スローンはケッタリングは不幸な立場にあり、本当にGMを辞めるつもりだということを知りすぎるほど知っていた。また、製造部門が新エンジンに強く反対したにもかかわらず、ピエール・デュポンが彼を支援していた事実も知っていた。スローンがケッタリングに、全幅の信頼をおくと手紙を書いてからまだ二年も経っていなかった。スローンが直面している問題は、自分の決定はそのままにし、ケッタリングを会社にとどまらせ(彼は会社にとって非常に価値があり、失うわけにはいかなかった)、そしてデュポンから離れることも避け、しかも反面では、製造部門の幹部を激励して従来からの水冷式エンジン車の生産ラインを拡大させることだった。

スローンがこの葛藤に直面してとった行動は、マネジャーがどのようなやり方で仕事をするのかということをよく表している。第一に、彼は問題をあいまいなかたちにしたままケッタリングの気持ちをなだめながら、自分や経営委員会はケッタリングの味方ではあるが、製造部門に反対していることを無理にやらせるのは現実的ではないだろうと判断した。彼は製品に問題があるのではなく、人間に問題があるのだというかたちで問題を解決しようとしたのである。

第二に、彼は新しい車のデザイン、生産、販売に関して、責任を有する新しい部門のすべての機能を強化することにより、問題を組み立てなおすことを提案した。しかしこの解決法は、ケッタリングをGMに慰留させようとする努力と同様、あいまいなものだった。スローンは次のように書いている。

「私の計画はケッタリングひとりの権限の下に、空冷車部のような、独立した試験的開発部門をつくることだった。そうすればケッタリングは、製造技術上の問題を解決するのに専任の技師長と生産スタッフを任命することができただろう(3)」

スローンは、発明家に経営上の責任を負わせることも含む、この解決の実際的な価値について議論しなかったが、事実上、彼はこの計画を用いてピエール・デュポンとの葛藤の解決法を探ったのである。事実、スローンが強く提唱した管理的な解決法は、ほかの案の選択を制限することになった。組織的な解決というものは選択の幅をせばめ、関係者にそれでいく以外はないと思わせるまでに、感情的な反応さえも限定するものである。

スローンはデュポンあての書簡のなかで、次のように述べている。

「ケッタリングと例の件について、本日午前中に細部まで論議を尽くし、完全に合意に達しました。彼は提案をよろこんで受け入れ、うまくやっていくことに自信を持っているようです(4)」

何やらいわくありげでありながら、実際は選択の幅をせばめるだけにすぎないような組織的解決によって、スローンは自分に反対する者たちを懐柔した。そのうえスローンは、自動車部門の総括責任者に基本的に同意を与え、当面、急増しつつある需要に応じて、水冷式自動車のデザインを早急に決める権限を付与したのである。

数年後、スローンは「空冷車が大規模に再登場してくれることはないだろう。理由ははっきりわからないが、空冷車はほぼ死滅したのだ(5)」と述べているが、これは明らかに本心ではない。

問題解決をしていくためにマネジャーは、つねに調整をはかり、バランスをとる必要がある。この管理行動が外交官や調停者、たとえば、かの有名な国際政治家ヘンリー・キッシンジャーの行動と共通点を多く持つことは興味深い。マネジャーは、矛盾する価値の間で妥協案が受け入れられるように、バランスをとりながら権力を行使していくことを目的としているのである。

では、リーダーはどうだろう。リーダーは何をするのだろうか。マネジャーが選択を制限するよう行動するのに対し、リーダーは懸案の課題に新しい方法論を導入し、どのように新しい選択がありうるかという論議をはじめるというように、マネジャーとは正反対のやり方をする。

ジョン・F・ケネディの場合は、その短い大統領在任期間中に、リーダーがその活動のなかで生み出す、興奮をともなう力の強さと弱さの双方を如実に示している。彼は就任演説で、「わが国に善意を持つ国であれ、悪意を持つ国であれ、すべての国の国民に約束する。我々は、自由と繁栄を確保するためには、いかなる代償をも支払い、いかなる重荷をも負い、いかなる苦難をも避けず、あらゆる友を助け、あらゆる敵と戦う」と述べた。

この、よく引用される演説は、人々に当面の関心を超えて行動させ、ケネディおよび彼の持つ重要な理想と一体化させる効果を持った。しかし、よく考えてみればこの声明はおかしいと思われるに違いない。なぜならベトナム戦争のように、もし実際に声明が採択されたら悲惨な結果をもたらす立場を約束しているからでもある。しかしながら、肥大化した欲求につきものの欲求不満の危険が満ちている場合、期待が喚起されなければ新しい思考や選択は、けっしてなされないだろう。

リーダーは高度のリスクをともなう立場で行動する。特に機会や報酬が高度な場合、性格上、危険や冒険に身をさらすことがしばしばある。私の観察では、冒険を求めるか従来のやり方で問題解決するかは、意識的な選択より、むしろ、その人の性格によっているようだ。特にマネジャーになるような人にとっては、生存本能が冒険を抑え、逆に世俗的、現実的行動に耐える能力が生存を助けている。世俗的活動を苦悩とみなすリーダーとは、正反対である。

人間関係

マネジャーは人々とともに働くことを好み、一人で行動することを避ける。一人で働くと不安になるからである。五〜六年前、職業的経歴の心理学的側面に関する研究の指導をしたが、協働する人を探したいという欲求が、マネジャーの重要な特徴として目立つように思えた。たとえば、一人の人物（バイオリンを見つめている少年、または考え込んでいる男のシルエット）の絵を見せて物語をつくらせた場合、マネジャーはその物語に多くの人を登場させる。以下は、あるマネジャーが、バイオリンを見つめる少年についての絵を見てつくりあげた物語である。

「母親と父親が息子に、将来立派な音楽家になれるようレッスンをしなさいと説得していた。注文していた楽器が届けられたところだった。息子は友だちとフットボールをすることと、音の出る箱のどちらがよいか考えていた。彼には、両親がなぜタッチダウンよりバイオリンがよいと考えるのか理解できなかった。四カ月の練習後、息子はがまんできなくなり、父親も気持ちを変えようとしていた。母親も渋々望みをかなえてやろうとしていた。フットボールのシーズンはすぎたが、来シーズンには名選手が登場するだろう」

この物語は、人間関係に対するマネジャーの態度を解明する二つのテーマを説明している。第一は、前述したように、ほかの人たち(すなわちフットボールチーム)との活動を求めることであり、第二は、人間関係に対する低レベルの感情移入である。後者は作者のありきたりの比喩や常套語句の使用、あるいは潜在的な葛藤を調和させていくという記述に表れている。このケースでは、息子と両親が男性的スポーツのためにバイオリンをあきらめることに同意している。

この二つのテーマは理屈に合わないようにも思える。しかしこの共存が異なる意見を和解させ、妥協を模索し、権力のバランスをとるなどのマネジャーの活動を支えているのである。マネジャーが書いた物語の内容からさらに考えると、彼は感情移入あるいは他人の思考や感情を直感的につかむ能力に欠ける可能性があるともいえる。感情移入を説明するために、同じこの絵に対し、同僚たちからリーダーになるだろうと思われている人が書いた、もう一つの物語を紹介してみよう。

「この少年はバイオリンに強く心をひかれ、それをマスターしたいという強い欲求を持っており、誠実な芸術家になりそうにみえる。彼はちょうど正規のトレーニング期間を終えたところだが、バイオリンが持つはずの本来の音が出せないことに、いくぶん落胆しているようだ。彼は自分のなかにあると感じている、音楽の素質を伸ばせると納得するまで、必要な時間をかけ練習することを誓っているようだ。このように決心し、やりとげることでこの少年は、その時代の偉大なバイオリニストの一人になった」

感情移入はたんにほかの人々に注意を払うことではなく、感情の表れを理解し、個人との関係で何かを意味させる能力である。「強く心をひかれる」「強い欲求を持った」「落胆している」「誓っている」というような記述をする人は、人間関係で有用な働きをする内面的知覚力をそなえているといえよう。

マネジャーは、進行中の事件なり意思決定の過程なりにおいて果たすべき役割があるので、その役割を果たすことによって人々とかかわりを持つことになる。これに対してリーダーはアイデアに関心を持っているので、もっと直感的で感情移入的な方法で、人間関係を持つことになる。

マネジャーは進行中の舞台における役者のように、ほかの人たちを扱おうとする。登場人物が自分の好きなようにふるまうのではなく、決められた役割どおりにふるまうように人々の注意を仕向ける。マネジャーの関心は、ものごとが「どのように」なされるかであり、リーダーの関心はものごとなないしは決定が、関係する人にとって「何を」意味するかにある。これが両者を区別する端的な特徴である。

近年、マネジャーはゲーム理論を用いて、意思決定の事象は二つのタイプから一つのタイプに統合できると考えるようになった。その二つのタイプとは、勝者と敗者の関係になるウィン—ルーズ(またはゼロ・サムゲーム／勝ちと負けの総和がゼロになるゲーム)と、勝者と勝者のウィン—ウィン(勝ち抜きゲーム)である、マネジャーは人々の間の相違を調和させ、権力のバランスを維持するプロセスの一部として、ウィン—ルーズをウィン—ウィンに転換させようと努力するのである。

一例として、大規模分権組織における部門間で、資本をどのように配分するかを決定する場合を考えてみよう。表面上は分配できる資金が、一定の時期に一定の金額と決まっているので、一つの部門の割り当てが多くなれば、ほかの部門は少なくなることになる。

マネジャーはこの状況を(それは人間関係にも影響を与えるのだが)、一つの転換の問題として考える傾向がある。すなわちこれを、どのようにすればウィン—ルーズの問題をウィン—ウィンの問題に転換できるだろうかと考えるのである。このような解決法としては、次のようなものが考えられる。

第一に、マネジャーは本質はそっちのけにして、手続きに他人の注意を引きつける。「何を」決定するのかでなくて、「いかに」決定するかがより大きな問題だとして、それに没頭するようになる。いったんそうなると、マネジャーは自分たちの決めた意思決定ルールを守らなければならない立場にあるため、手続きどおりにやったことについては何も文句をつけることができなくなる。マネジャーとしては自分たちのつくったルールを信頼せざるをえないから、もしも現在、損をしていても、この次に得をすることを期待して、じっとがまんすることになる。

第二に、マネジャーは「メッセージ」のかわりに「シグナル」を用いて、間接的に部下と意思疎通をはかっている。マネジャーは、明確に状況を説明するものであるが、シグナルの場合はそのなかに、はっきりしないが考えられる状況をいろいろと数多く含んでいる。メッセージはそのものズバリ、人によっては聞きたくもないような冷徹な結論を持ち出すこともある。しかしシグナルの場合は、不確定的なものを示すもので、もう一度翻訳しなおさなければ人をうろたえさせたり、怒らせたりできないものである。

メッセージはその性格からして、情緒的反応を促進し、かつ前述したようにマネジャーを情緒的に不安に陥れることがある。シグナルの場合は、だれが勝って得して、だれが負けて損するかというような問題は、あいまいになってしまうことが多い。

第三に、マネジャーは時間と競争している。マネジャーは、時間の経過や重要な意思決定の遅れがあった場合、ウィン―ルーズの状況から生じる苦悩をまぬがれるには、妥協しかないことをよく知っている。そして、本来競争していたはずの「ゲーム」が、あとから加わった異質のゲームにかわられてしまうこともよく知っている。それゆえ、そのように妥協することは、人が同時に勝者でありかつ敗者でもありうるということ、そして人の評価はそのゲームがどういうタイプのゲームであるかによって左右される、ということを意味するものといえる。

マネジャーが、ウィン―ルーズ型からウィン―ウィン型へと人間関係を転換させるために、ほかにもたくさんの戦術的行動をしていることは明らかである。しかし肝心な点は、そのような戦術が、意思決定プロセスそのものに焦点を当てており、かつリーダーではなくマネジャーの側に立つものだということである。

戦術によって得られる利益には、便益面だけでなくコスト面の利益も含まれている。それには、官僚的、政治的陰謀によって組織を肥大させることと、ズバリ猛烈な仕事と温かい人間関係とによって組織を貧弱で細身にすることとの、両方が含まれているのである。

その結果、部下はマネジャーをはかりしれない雲の上の存在で、きれいごとのかたまりのように思いこむことが多いようだ。これらのマネジャーを形容する言葉は、従業員が一つのプロセスのなかで互いに歯車のように連結されているという、従業員の考え方によっている。そして、そのプロセスの目的は、たんに意思決定をすることではなくて、合理的かつ公正な構造、かつ統制された構造を維持することである。これらの形容詞は、マネジャーが人間関係から生じる数々の不安、懸念、恐怖のたぐいの潜在的な無秩序状態に直面しており、そのために秩序を要求しているのだということを示唆している。

これとは対照的にリーダーのほうは、感情的な意味での豊かな形容詞と関係が深いように思われる。リーダーは集団に対する自己の一体感と孤独感、あるいは感情と憎悪というような強烈な感情にひかれる。

リーダーが優位を占めている構造のなかでは、人間関係はしばしば荒々しく緊張しており、かつ、ときには無秩序的ですらある。こうした雰囲気は個々の動機づけを強化し、しばしば予期しなかった結果を生じることが多い。このような強力な動機づけは、革新と高い業績をもたらすものだろうか、それともそれは、エネルギーの浪費を意味するものだろうか。

自己のもつ意味

ウィリアム・ジェームズは著書『宗教的経験の数々』で、人間の基本的な性格として、生まれたときに与えられた人生をそのまま肯定して生きるタイプの「人生一回型」と、生まれつきの人生をそのまま受け入れず、自分の努力で変えていく「人生二回型」の二つのタイプがあると述べている。

人生一回型は、素直に生き方の狙いを定め、程度の差は多少あっても、生まれついて以来比較的穏やかな経過をたどってきている人たちである。

人生二回型は、そういう安易な時間をすごしてはいない。彼らの人生は、ある意味での秩序を獲得するために、たえまない奮闘努力をつづけていて、一回型の人たちと違って、ものごとを安易に容認することができない。ジェームズによるとこういう性格の人たちはみな、ひと味違った世界観を持っている。一回型の人にとっては、自己の意味はどこにあるかというと、家庭的なくつろぎと環境への調和感のようなものを、行動や態度の指針にしていることになる。ところが、二度生きるタイプの人は、これと正反対に自己というものの意味を、周囲から分離独立しているという感情から引き出していることになる。

環境に従属しているか、それとも分離独立しているかという区別をすることは、マネジャーとリーダーがそれぞれ自分たちの経歴のなかで行っている一種の投資が、どのような性格のものかを見分けるうえで、とても都合のよい実践的なものさしとなる。

マネジャーの場合は、自分自身を秩序の保護者であり、かつ規制者であると考えている。その秩序によって、自分が個人として全体との一体感を保ち、また秩序のおかげで報酬を受けることができると考える。現体制を継続させ、かつ強化することは、マネジャーの自己価値についての評価を高めることになる。すなわちマネジャーは、いろいろな義務と責任のあり方を心の中で調和させ、まとめて一つの役割を果たすことによって、ものごとを達成しているのである。

ジェームズは、このような心の中の調和を取り上げ、ごく自然に外部へほとばしり、かつ容易に外部から流れこんでくるような自己のあり方を、一回だけの人生と定義した。自分が体制に所属するメンバーで、全体の繁栄に貢献していると考える人は、人生の使命を達成して理想へ到達したことで、それなりの報酬が得られたと感じる。この報酬は物質的な収入をはるかにしのぐ貴重なもので、かつ個人的統合(これは現体制への一体感によって達成される)を求める基本的欲求を充足するものである。

リーダーの場合は、二度生きる性格、つまりほかの人々を含めて、自分をとりまく環境から分離独立していると考える人間になろうとする傾向がある。彼らは組織のなかで働いてはいるものの、けっして組織に従属しようとはしない。彼らがどういう人間であるかということは、どこの組織のメンバーであるかとか、どんな役割を持っているからとかで決まるものではなく、まして、そのほかにも考えられるような、組織とのかかわりあいの深さを示す、いろいろなものさしによって決まるものでもない。

組織からの分離独立という考え方は、個人がなぜ革新の可能性を追求するのかという理由を説明するうえでの理論的根拠となる。革新をもたらす方法は、技術的、政治的あるいはイデオロギー的な方法があるが、いずれも目的は同じことである。それは、人間的、経済的、政治的諸関係を徹底的に変革することが目的である。

リーダーシップの育成を考えるにあたっては、次の二つの異なるコースの生活史を検証しなくてはならない。

①社会化を通じての成長――これは、個人に対し社会制度を教え、かつ社会的諸関係のなかに存在するバランスを維持するためのものである。

②性格的熟達を通じての成長――これは、個人に心理的社会的な変化への努力を促すものである。マネジャーは①の成長ラインを通じて養成されるが、リーダーは②の成長ラインを通じて身を起こすのである。

リーダーシップの育成

あらゆる人間の成長は、まず家庭のなかではじまる。そして、各人は両親から離れるときに心の傷みを味わう。それは欲求不満の果てにやってくる苦痛と同じ経験である。同じような意味で、すべての個人は、自己規制と自己統制を達成しなければならないという難問に直面する。しかし、大多数の人々は、子どものとき、幸運にもその場限りのごほうびでなく、適切な満足感と十分な機会に恵まれる。

このような個人、つまり人生一回型のタイプは、両親と適当に一体感を保ち、自分の期待するものと人生で実現できるものとの間の調和点を見出すのである。

しかし、分離独立するときの苦痛は、親の要求と本人の欲求との結びつきいかんによっては、親子の絆を断ち切るほどの孤立化や特異さ、猜疑心をもたらすまでに増幅されるものと考えられる。そのような状態で、かつ特別の素質を持っている人の場合(原因はよくわからないが)、外的世界における関心を犠牲にして内的世界に深く閉じこもるようになる。そのような人にとって自己評価は、もはや積極的な結びつきとか、物質的報奨とかによっては左右されない。自己のよりどころとなるのは、業績や達成についての期待であり、そしておそらく、偉大な仕事をしたいという欲望である。このような自己に関する認識は、もし個人の才能がたいしたものでなければ、何ももたらさない。

仮に強力な才能を持っていたとしても、それだけではなにごとかを達成するという保証にはならない。もしかすると悪い結果でなく、よい結果をもたらすというだけに終わるかもしれない。人間の成長には、もっとほかの要素が入ってくる。

一例をあげれば、リーダーは、芸術家とか生まれつきの才能に恵まれながら、しばしばノイローゼにかかるというような人と似ている。その才能は短期間のうちに激しく変化し、リーダーの素質を持った者でさえ一様にやる気をなくしてしまうこともある。

また、成長するにしたがってマネジャー向きかリーダー向きか、どちらのパターンになるかは、特定の人が及ぼす影響に深くかかわっている。たとえばマネジャーの場合、成長を促す才能の型が流動的で、また多種多様なものだから、適当にかつ広範に人間的な結びつきをつくりあげる。ところがリーダーの場合は、むしろ強力な一対一の関係を確立し、かつそれを破壊したりするのである。

優れた才能を持つ人々が、しばしばごく平凡な学生であったりする。たとえばアインシュタインのあの偉大な業績は、アインシュタインの学生時代の平凡な成績からだれが予言できただろうか。凡人であることの理由は、けっして才能の欠如によるものではない。むしろ自己に対する没入と、当面している仕事への注意能力とが、乏しいことの結果であろう。

個人が幻想めいた先入観と自己没入を中断できる唯一の確実な方法は、優れた教師もしくは恩情あふれる人たちと深く接触することである。そういう恩師などは、生まれつき才能ある個人を理解し、かつ彼らと意思疎通する能力を持っている。

生まれつき才能ある個人が、一対一の関係のなかに自分の求めていたものを発見できるかどうかは、才能を生かせるだけの職業に就いていて、しかも敏感で直感の鋭い師匠がいるかどうかによって左右されることになる。幸い、異なる世代の人たちが互いに出会い、自己選択をする場合を見れば、我々はどのようにリーダーを育成するか、どのようにして異なった世代にわたる才能ある人々が互いに影響しあうか、というようなことをより多く学べるのである。

どうみても平凡な経歴を積み重ねざるをえないような運命に身をゆだねなければならないとしたら、そこで重要な一対一の関係を形成できるのは、見習奉公のようなやり方で自分の成長を促進し、強化することができる人たちである。

では見習奉公のできる人たちは、どんな基盤を持っているのだろうか。心理学的に言い換えれば、人と人が強く結びついた関係によって個人が利益を得ようとする心理状態は、何によって生じるのだろうか。それは、個人を自己の内部へと向かわせるような、人生経験の有無によって左右される。ドワイト・アイゼンハワーが陸軍に入ったばかりのころは、彼が将来あれほど成長すると思われるような兆候は何も認められなかった。第一次世界大戦中、陸軍士官学校の同期生のなかには、フランスで初陣を飾るものもいたが、彼は、「内地の単調でどうにもならぬ安穏な空気のなかに埋もれていた……それは私にとって耐えられない刑罰であった」[6]と感じていた。

第一次大戦直後、さしたる戦歴にも恵まれず悲観的だった若き士官アイゼンハワーは、パナマへの転任を申し出て、かねてあこがれていた先輩士官のフォックス・コーナー将軍の部下となった。

この転任に先だって彼は、陸軍当局にある申請をしたのだが、当局はそれを聞き入れてはくれなかった。このつまずきで心に大きな痛手を負ったうえ、長男をインフルエンザで失っていたときでもあった。当局はそのことに責任を感じてか、彼をパナマへ転任させたのである。パナマで彼は、失った息子の面影を抱きしめるようにしながら、コーナー将軍の下で働いた。

理想的な父親になりたいと思っていた願いが打ち破られたアイゼンハワーは、失った息子の立場に身をおくことが多くなった。非常に緊張したこうした状態のなかで彼は、師ともいうべき先輩から教えを受けはじめた。

コーナー将軍は軍隊についてのすぐれた個人指導を行い、アイゼンハワーはよろこんでこれを受けた。こうした師弟関係の成果は、量的には測定できないが、アイゼンハワー自身の回想と彼の軍歴のその後を見れば、かつて悲嘆にくれていた人間がこれほどまでに持ち直すことができたという意義については、過大評価とはいえないだろう。

後年、アイゼンハワーは、コーナーについて次のように書いている。

「コーナー将軍との生活は、軍事知識と人間性についての一種の大学院だったといえる。この学校は、人間についての知識と行動の非常な熟練者がつくってくれたものである。彼には、筆舌に尽くしがたい恩義を感じている。多くの偉人や善人と交わった私の生涯のなかで、彼こそはつねに目には見えなくても、心に数知れぬ恩義を感じる大先達である」[7]

コーナー将軍とともに勤務した後、アイゼンハワーの目ざましい活躍がはじまった。彼は陸軍最高の難関、フォート・レブンワースの陸軍大学への入学を許可された。これは人もうらやむ指名だった。アイゼンハワーはこの機会を生かした。高校や士官学校での成績と違って、同校での成績は抜群だった。彼は首席で陸軍大学を卒業した。

才能ある人たちの心理学的研究によれば、個人の成長に対して師が果たす重要な役割が繰り返し指摘されてきた。たとえば、アンドリュー・カーネギーも、先輩のトーマス・A・スコットにたいへんな薫陶を受けている。ペンシルベニア鉄道の西部支社長だったスコットは、部下のこの若い電信技師が持っている才能と学習意欲をよく見抜いていた。カーネギーの責任を少しずつ重くしていき、また細かな個人的観察に基づいて学習の機会を増やしていった。そのおかげでカーネギーは、自信と達成感を深めることができたのである。

カーネギーは人も知る暴れん坊で、攻撃的性格の持ち主だったが、スコットはそうしたカーネギーの攻撃的性格をおそれはしなかった。むしろスコットは、カーネギーの自発性をひきたたせることにより、その攻撃精神をフルに発揮させたのである。

師は部下に賭けるのである。なによりもまず才能ある若者を見つけて、それに賭けるのである。師は若者と肩を並べて一緒に仕事をしながら、情緒的な連帯感を持つことに賭けていくのである。これらの賭けは、必ずしも成功するとはかぎらないが、あえて賭けることとそのことが、リーダーの育成の決め手になるのだ。

組織はリーダーを育てられるか

いかにして人々は学び、成長するかという問題については、アメリカ文化のなかで一つの神話が培われてきており、同時にその神話は、ビジネスの世界でも支配的な考え方になっている。その神話とは、人々は同じ仲間たちから最高のものを学びとるという教訓である。仲間うちでは評価や屈辱に対するおそれは少なくなるが、これは多分、互いに同じ所属であることの確認を求める傾向にあること、また平等ななかで権威的な行動をとろうとすると仲間から制約を受けるからである。

組織のなかでの仲間どうしのトレーニングは、いろいろな形で生じる。たとえば、いくつかの関連するグループ（販売や生産、調査、財務など）から仲間を選んで設置されるのがタスクフォースで、そこでは一人ひとりのアイデアを主張し交換する権限を制限しようとはしない。つまり理論的にも実際問題としても、人々はより自由に行動しあい、批判的意見や異なる見解に客観的に耳を傾け、そしてこのような健全な交流を通じて、ものごとを学習することになるのである。

仲間どうしのトレーニングについては、オランダのフィリップスのような大企業についても見ることができる。同社の組織構造は、二つの集団の責任を結合するという原理に基づいている。一つの集団はビジネスの利潤追求目的を代表する人たちであり、もう一つは、技術的目的を代表する人たちである。公式的には、両方とも地域別の業務や生産活動の集団に対して、等しく責任を負っている。だが実際問題としては、どちらかの集団が経営の支配権を握ることになる。それにもかかわらず互いに緊密なやりとりが、両者の間でなされるのである。

このようなシステムのなかで私が大きな関心を持っているのは、次の疑問である。すなわち、彼らは、そのような経営方針を永続させることができるかどうか、また、そうした方針の場合、先輩とのちにリーダーになる者との間の、一対一の関係の形成が妨げられているかいないか、ということである。

攻撃性や個人的主導性を持った人がいるために、仲間どうしに緊張関係が生じるので、これを知ったフィリップスより小規模なある会社では、フィリップスとは違ったかたちで、現業部門のために仲間集団の責任を結合することを考えだした。同社の社長は、仲間どうしの競争と対抗を奨励し、そのなかでの勝者に次々と責任を与えていき、最終的な勝者をトップに指名するというのである。

こうした優勝劣敗式のやり方はときには悲惨な、目的とは反するような結果をもたらすことがある。競争を制限する方法をつくるのは至難のわざである。競争はあらゆる階層の人々に浸透し、陰謀的な雰囲気のなかで派閥形成の道を開くことにもなる。

ある大きな総合石油会社のトップは、若い幹部に対する先輩の直接的影響力によってリーダーを育成することがきわめて重要だと考えた。会長と社長は、才能のある大学卒業生を定期的に採用し、トップの特別アシスタントに任命し、一年間そばに置いて自分と仕事をともにさせた。年度の終わりになると若い幹部は、現業部門の一つについて熟達し、見習的地位ではなく責任ある地位に就くこととなる。師と弟子の関係によって若い幹部は権力の使い方、そして「天狗（業績と統合についての）」と呼ばれる権力病に対する重要な解毒対処法を学んだのである。

一対一の関係で働く場合は、両者の間に実力の差があることがはっきりわかっていても、なおかつ感情の交流には多大な寛容さが必要である。この交流は、密接に仕事の打ち合わせをするためには不可欠だが、おそらく大多数の幹部にとっては、そのような関係に巻き込まれることについて、抵抗感を抱かざるをえないだろう。

『フォーチュン』誌は、プロクター・アンド・ギャンブル（P＆G）のトップ・マネジメントにいたジョン・W・ハンリーがモンサントの社長へ移籍した人事の内幕について報じている。[8] その記事によると、P＆Gの会長と社長は、ハンリーの社長就任を見送り、社長には別の執行副社長をすえた。会長は明らかに、ハンリーとはうまくやっていけないと考えていたのである。ハンリーは自分でも攻撃的だと思っており、実験や変革が好きで、いつも上司に挑戦していた。

本来、トップ経営者は、気心が知れた人物を選択する権利を持っているものだ。しかし私はそもそも先輩幹部なるものが、部下の競争したがる衝動と行動に寛容さを見せる能力を発揮することが、企業にとって健全なものかどうか疑問を感じている。少なくとも感情を交流させるために多大の寛容さを示すことは、リーダーとなりうる個人を犠牲にすることはあっても、チームのプレーヤーを助けることにはならないだろう。

経営幹部が自分のアイデアに積極的に挑戦すること、それは専門的分野のアイデアに対するものなのだが、それらを権限の根源にかかわるようなものとして、きわめて脅威に感じていることが実際には多いということに、私は驚いている。ある社長は、有能な副社長の攻撃的で、ときには粗野なふるまいに悩まされたあげく、社外重役を招いてグループ会議を開き、副社長を重用しないようヒントを与えるなど、いろいろと間接的な小細工を試みた。

しかし私は、経営者は自分を苦しめるものに対して、正面から取り組むべきであると忠告したい。また膝つきあわせての対面によって、上司も部下も、保有される権限と、議論される問題との間にある区別を、確認することを学ぶことができるということを、私は示した。対面するということはまた、攻撃的な感情を持つ者と交流するにあたって寛大になることでもある。そしてこれによってこそ、リーダーが生き残るために必要な感情的諸関係を確保するのと同じように、あいまいになっている事態のベールを取り払い、経営文化が持つ特性を発揮するという効果が生じるのである。

〔注〕

(1)・John D. Rockefeller, 3rd., *The Second American Revolution* (New York: Harper-Row,1973年)、七二ページ
(2)・Alfred P. Sloan, Jr., *My Years with General Mortors* (New York: Doubleday & Co. 1964年)
(3)・同九一ページ。
(4)・同九一ページ。
(5)・同九三ページ。
(6)・Dwight D. Eisenhower, *At Ease: Stories I tell to Friends* (New York: Doubleday, 1967年)、一三六ページ
(7)・同一三六ページ
(8)・"Jack Hanley Got There by Selling Harder," *Fortune* 誌一九九六年一一月号。

Column

マネジャーとリーダー〈回想録〉

ジミー・カーター大統領の予算担当ディレクターで懐刀でもあったバート・ランスが、かつて、「壊れていないものは修理するな」と宣言したことがある。このちょっとした助言は、まさにマネジャーの考え方そのものである。これに対してリーダーは、「壊れていないときこそ修理可能な唯一の機会」という考え方を信奉している。

市場の素晴らしい規律のなかにあっては、過去における成功の公式も、いまや衰退の芽を内包している。アメリカの自動車産業は過去の成功物語にあぐらをかき、それまでやってきたことをただ繰り返す自殺行為の典型例として引き合いに出されてきた。しかし、それはまさに事実である。自動車業界のトップ・マネジメントは、アメリカの多くの他産業のマネジャー同様、この成功教訓からの正しい学習に失敗し、マネジメント神話の構造的欠陥に陥ってしまった。

昨日まで成功していたことを今日も明日もやりつづけるという安易な手法に依存した結果、ここ一〇年以上アメリカの最大の輸出品目は「ジョブ(仕事)」だったという、背筋の寒くなるような事実に直面している。我々はいま、「ノウハウ(ソフト)」ともいうべき専門知識の宝庫がアメリカから消えつつあるという由々しき現実を突きつけられているのである。最も憂慮すべきことは、我々の子どもたち、そして子どもたちの子どもたちは、我々が必死に働きつづけて手に入れたこの豊かな生活水準を維持できなくなるだろう。まして、これ以上の高い生活水準を享受することなど望むべくもないだろう。

本稿「マネジャーとリーダー：似て非なる役割と成長条件」が、ＨＢＲ誌に掲載されたとき（一九七七年）、現役のマネジャーや研究者、ハーバード・ビジネススクールの同僚は、私がどうかしてしまったのではないかと思ったようだ。優れた施設とプロセスなどを備えた組織に働くふつうのレベルの人たちは、ごくふつうの組織で仕事をする優秀な人材を凌ぐ業績をあげられないのではないか。「マネジメントの神話」を信奉してきた人々にとって、個人の才能より、組織のもつ優秀性こそが重要なのだ。組織を盛り上げるための、個人個人の能力の可能性をマネジャーは理解しているが、管理の重要性ほどには認めてはいない。

市場で成功しつづけるためには才能は重要である。しかし、今日のほとんどの組織は、リーダーよりもマネジャーの育成により力を注いでいる。しかし幸いにも、そのことの問題性に気づいている人はいる。

ＩＢＭ会長ジョン・エイカーズの、ＩＢＭが大企業の一つとして長い間保持してきた一つの大企業としての旧来の経営手法から脱皮するつもりだとの発言は、ビジネス界を驚かせた。エイカーズは、ＩＢＭをいくつかの会社に分割するつもりだったのだ。そして、「ビッグ・ブルー」（ＩＢＭのニックネーム）がどの基準に照らしてもビッグでありつづける一方で、ビジネスは、マネジメントのメンタリティではなく、リーダーシップの下で行っていくというのである。ＩＢＭは、もはや規模の経済という、誤った心地よさのうえにあぐらをかいてはいられなくなったのだ。経営陣も、調整と管理、分権運用、財務集中管理にとらわれることがなくなったのである。プロセスは実質に優先順位を譲り、パワーは、クリエイティブで、そして特にアグレッシブなエグゼクティブのものとなったのである。

各大手企業がこの先導者に従うなら、企業国家アメリカが活力を再びとりもどし、競争力が回復する可能性は十分ある。しかし、依然としてプロのマネジメントの手に委ねられたなら、アメリカ企業の停滞はまだまだつづくことだろう。

本稿の発表は先駆的で、その戦略は一躍マネジメント戦線のナンバーワンに躍りでた。企業活動のいかなる側面も、戦略に無関心ではない。製品をどのように位置づけるのか、経営陣の報酬をどうするのかなど、すべての問題は戦略的解決へとつながるのである。マーケティング戦略、従業員の給与戦略、経営スタッフの育成戦略などなど。我々はあまりにも戦略過剰に陥っているのである。戦略が、事業方針にとってかわり、企業の方向性を決める舵の役割を担っているようにみえる。

戦略に頼ることで組織は、どうしても結果を軽視してきた。戦略は、産業組織と呼ばれる経済学の一分野から生まれたものなのだ。戦略とは競争モデルをつくり、分析テクニックを駆使して市場に製品をどのようにポジショニングしていくかを試みる。これら製品のポジショニングの集合体が、ミッション・ステートメント（社是／会社綱領／使命記述書）とビジネスの方向性を決めるのである。こうして一九八〇年代に産業組織が支配的になったことで、アメリカ経済の落ち込みにもかかわらず経営コンサルタントが繁盛し、マネジメントの神話への信仰が強まったのである。

私にとって過去一〇年から一五年間、マネジメント上最も影響力があったのは〈ロータス1・2・3〉の開発だった。この人気のソフトウエア・プログラムは、スプレッドシートを迅速かつ繰り返し作成することを可能にし、それが戦略プラニングに様式と言語を提供した。この方法論を活用することで、技術者や専門家は「もしも……だったら」を、さまざまに想定することができるようになった。なによりよかったことは、コンピュータと適切なソフトウエアを手に入れられるなら、だれでもこのゲームに参加できたことだ。

しかし、ああ、なんということだろうか。こうしてだれもが戦略家になれる一方で、なぜ、クリエイターになり、そのポジションを維持できる者が少ないことなのか。リーダーシップの証であるビジョンは、スプレッドシートの副産物というより、想像力と呼ばれる心の産物なのだ。

そして成功するには、少なくとも戦略と同じぐらいビジョンが必要である。リーダーには、企業の成長にさまざまな想像力を持ちこまなければならない。マーケティングの想像力、製造の想像力などの想像力は、我々が才能と認めている知覚能力に端を発している。才能あるリーダーは、満たされていない顧客ニーズ、著しい改善が可能な製造オペレーション、製品開発における技術アプリケーションの可能性といった、重要な変化の兆しを察知するのである。

ビジネスの想像力は実質的である。リーダーのイマジネーションは、ジェームズ・マクレガーの言葉を用いるならば、「変形的」な方法で行動するよう他者を駆り立てるのである。しかしリーダーたちは、往々にして自分の才能が他人のリンゴのカートをひっくり返したいという願望や、「もっと良くしたい」という欲望といった、いてもたってもいられないほどの衝動にあることを経験する。その結果リーダーたちは、必ずしも安定的な仕事環境をつくりださないかもしれない。むしろ感情の起伏が激しい、無秩序な職場をつくるかもしれない。

本稿で私は、マネジャーとリーダーの間の重要な違いは、彼らが心の奥深いところで抱いている、混乱と秩序についての概念にあると述べた。リーダーは、混沌にもストラクチャーの欠如にも耐えるものだ。そのため重要な問題について中途半端な解決を避け、どっちつかずの中間的な回答を一時キープする心の準備をする。マネジャーは、秩序と管理を求め、たとえ自分たちがその潜在的な重要性を理解する以前であっても、問題を処理することに固執する。

私の経験では、潜在的な混乱にともなう不確実性が問題を引き起こすことは稀である。そのかわり、組織にトラブルを引き起こすのは、潜在的な混乱に秩序を押しつけようとするマネジャーの本能的な動きにある。

私は、ビジネスリーダーはマネジャーに比べ、むしろ芸術家、科学者などほかのクリエイティブな思考者と共通点が多いと考えている。気質と利益の共通性を追求するビジネススクールのカリキュラムは、戦略理論とコンピュータ演習よりも、創造性と想像力の遊びのなかでの思考実験を重視すべきである。それが成功したら、ビジネススクールは、リーダーシップのポジションに相応しい優れた人材を育成するという、その本来の目的をいままで以上に遂行できるようになるだろう。

第4章

リーダーとして成長するために

The Discipline of Building Character

ジョセフ L. バダラッコ Jr.
Joseph L. Badaracco, Jr.

ジョセフ L. バダラッコ Jr.　Joseph L. Badaracco, Jr.
ハーバード・ビジネススクール教授でビジネス倫理学担当。MBAとエグゼクティブ・プログラムで戦略、包括的マネジメント、ビジネスと政治との関係、ビジネス倫理学について教えている。主な著書に*Business Ethics: Roles and Responsibilities*／*Defining Moments: When Managers Must Choose Between Right and Wrong*（HBS Press, 1997）がある。

【論文初出データ】
The Discipline of Building Character（HBR, 1998年3-4月号）
DHBでは未訳

三つのディファイニング・モーメント

仕事上の責任と個人の価値観が意に反して対立することは、だれにも一度や二度はあるだろう。よく働く忠実な従業員を、経営悪化で解雇せざるをえなくなる。娘のピアノ発表会の日に、会社の最大の顧客がオフィスにやってくる予定が入ってしまった。こんなとき、どちらを選ぶのももっともなことで、我々は板ばさみに悩むことになる。そして、どちらを選んだとしても、申しわけない気持ちになってしまう。

このような状況下でマネジャーの対処法はさまざまだ。本能のおもむくままに行動する人、友人や同僚や家族に相談する人、同じ状況下でメンター(助言者)ならどうするだろうと考える人などなど。いずれにせよ、こうした決断が長年にわたって積み重なり、その人の人格が形成されていくのである。このため、こうした状況を私は、「ディファイニング・モーメント(アイデンティティの決定)」と呼んでいる。

ディファイニング・モーメントと倫理上のむずかしい問題の決断との違いは何か。倫理上の問題の決断はふつう、二者択一で、一方は正しくて、もう一方は間違っている。しかしディファイニング・モーメントでは、自分の信じる複数の理想的な決断から、どれか一つを選択することを迫られる。この難問に対する「正解」はないのである。というより、ディファイニング・モーメントは、その場の状況から「前に進め」と迫られたために生じるものだ。

アメリカの哲学者ジョン・デューイの言葉を借りれば、自己を「形成し、さらけ出し、試す」ときである。ディファイニング・モーメントで人格が形成されていくのである。後戻りできない一連の行動にかかわることで、自己の、そして職業上のアイデンティティが形成されていく。

また、それまで隠されていたものが表に出たり、断片的だったものがはっきりと形になったりして、新たな何かが姿を現してくる。そして、自分の理想に沿って生きるのか、それとも口先だけなのかを目の当たりにする、つまり、自分自身が試されるときでもある。

私がビジネス界のリーダーにインタビューし、調査した結果、ディファイニング・モーメントの解決の仕方に満足している人たちはみな、求人広告の資格欄には書かれないようなスキルを持っていた。具体的には、多忙な管理業務の合間をぬって、自分だけの時間を持ち、自問自答することを自らに課すことである。そしてそれは、一人きりで静かな状態になるというより、日々の仕事のなかで行われるほうが多いようだった。

それによってリーダーたちは、あわただしい日常生活から自分のコアとなる価値観や信条に集中することができる。これらの価値観や信条がいったん表に出ると、仕事における目的意識が一新され、周到かつ実務的で、抜け目のない行動への足がかりとなる。この過程を何度も繰り返したエグゼクティブは、だれのものでもない自分自身の正しさの理解に基づき、本質的で強烈なアイデンティティを創出できるのである。こうしてマネジャーは、リーダーへと進化を遂げていく。

しかし、実際的かつ外向的なマネジメント術を仕込まれたエグゼクティブに、そのように直感的で個人的な内省のプロセスへの取り組み方を、どう学べというのだろうか。本稿では、現実的な問いかけを並べて、マネジャーが職場でのてんやわんやの状態から気持ちを整理する手助けをしようと思う。実際的で考えさせられる問いかけによって、価値観や信念を、計算された行動へと転換させていこうと考えている。

なかには、著名な古典や現代哲学からの引用もあるが、それらはいまでも深遠なメッセージを持っており、現代でも十分に通用し、幅広い「正解対正解」の決断に応用できる。この自問のプロセスに身を委ねることは、けっして現実逃避の、むなしいエクササイズではない。それどころか、きわめて扱いにくく、挑戦的で、かつ本質的な問題を巧みにさばくことができるようになるはずだ。

現代の職場環境には、一般的に三つのディファイニング・モーメントがある。一つは、主に個人のアイデンティティがテーマとなる。そこでは「私はだれか」が問われる。二つめは、組織的であると同時に個人的で、組織内部のグループの性格とマネジャー個人の人格が問われる。そこでは「我々は何者か」が問われる。三つめのディファイニング・モーメントは最も複雑で、社会における一企業の役割を決定づける。つまり、「企業とは何か」が問われるのである。

これら三種類のディファイニング・モーメントの認知方法を習得することで、「正解対正解」の決断を優雅に、かつ力強く行う術を理解してもらえるだろう（**コラム**「ディファイニング・モーメントへの手引き」を参照）。

私はだれか：個人にとってのディファイニング・モーメント

いちばんベーシックなタイプのディファイニング・モーメントでマネジャーに求められるのは、個人のアイデンティティを左右する、さしせまった問題の解決である。それは今後のキャリアに重要な意味をもってくる。二つの「正解」が自分自身のなかにあり、それぞれの選択が提示するのは、それぞれ、輝かしく、しかも魅力的な人生だ。しかし、そこに難問が生じてくる。つまり、正解は一つではなく、しかも一方の正解がもう一方の正解と対立することである。

相対する感情

このやっかいな状態に陥ったら、一歩後ろに下がって、問題としてでなく、二つの見解の間に生じた自然な緊張状態として葛藤を観察することからはじめなければならない。この緊張状態を扱いやすくするには、「どんな感情や直感が対立しているのだろう」と自問自答してみることだ。アリストテレスが「倫理学」のなかで述べたように、人間の感情は、問題を知覚し、全体像を理解するのを実際に助け、本当に問題となっているのは何かを示している。言い換えれば、感情や直感はどちらも知力の一つの形であり、洞察力の源なのである。

ある若いアナリストのケースを考えてみよう。仮に、彼の名前はスティーブ・ルイス、マンハッタンの有名な投資銀行に勤めるアフリカ系アメリカ人だ[1]。

ある朝彼の机に、「二日後にセントルイスへ行って、重要なクライアントに対するプレゼンテーションの手助けをしてくれないか」というメッセージが置かれていた。彼はびっくりした。ルイスの会社は、プレゼンテーションやクライアントとの会議にアナリストが参加することに対し、明確なポリシーを持っていたからだ。ルイスは、セントルイスの会議のテーマについてほとんど何も知らないし、会議は市の財政の特別な分野に関するものだった。さらに驚いたことに、公共財政グループ所属で、ルイスより先輩にあたる人たちを差し置いての指名だったのだ。

ただちにルイスは、やはりアフリカ系アメリカ人のメンターである友人のところへ行って、その件について何か知っているかたずねた。彼はこう言った。

「どういうことか教えてやるよ、スティーブ。俺たちをごらん。共通するのは何だい。ミズーリ州の新任会計局長も黒人なのは知っていたかい。このような仕事が君に、これほど早く回されたのは残念だけど、会計局長は、会議に最低一人は黒人の専門家が参加することを望んでいるのだ。さもないと、今後うちの会社には、このような指名チャンスはなくなるのだよ」

ここでルイスは、自分の感情と直感に照らして状況を把握するとどうなるだろう。一方では、自尊心を保つため、出世は自分の働きで勝ち取らなければいけないと彼は信じていた。それは人生のどの場面でもそうだった。積極的な差別是正プログラムや、お飾りのメンバーになることによって出世の階段を上るのは納得できなかった。そのためルイスは、自分がいまのポジションに値する人間であることを、つねに自らの働きで示そうとしてきた。

もう一方で、元運動選手だった彼は、チームプレーヤーであることをつねに誇りとし、チームメイトをがっかりさせまいとした。今回の状況に対する自分の感情と直感を分析し、ルイスは、抱えている問題はプレゼンテーションに行くか行かないかだけのことではないと気づいた。自分の根本にある、二つの信念がぶつかりあっているのだと考えた。

根本の価値観

自分の感情と直感によってディファイニング・モーメントを組み立てることで、ビジネスの場面から葛藤を取り出し、もっと個人的で対応可能な状態にすることができる。そして、葛藤の解決を促す、第二の問いかけについて考えることができるようになる。「対立する責任や価値観のうち、自分の人生やたいせつなコミュニティにいちばん深く根差しているのは、どれだろうか」である。

自分の価値観のルーツを理解することは、その源とその後の発展を理解することだ。どの価値観やコミットメントが、自分にとって本当に重要なのかを理解する努力が必要とされるのである。

このアプローチをスティーブ・ルイスのケースにあてはめてみよう。一流投資銀行のパートナーになりたいと考えていて、実力でそのポジションを勝ち取るのが彼の望みだった。ルイスは大学二年生のときから、ウォール街で働くことを夢みていた。その夢を実現するため彼は、一生懸命、明確な目的意識をもって働いた。現在の職に就いて、ついにその夢に一歩踏み出したのである。たとえ労働時間が長かろうと、一年目のアナリストとして下働きの細かい仕事を回されようと、自分の選択に疑問を感じることはなかった。ウォール街の投資銀行で出世を追求することが、自分の価値観に従うことだと、彼は信じていた。それが自分の求める人生であり、やりがいのある仕事だった。

しかし一方で、アフリカ系アメリカ人としての自分を考えるとき、ルイスは両親に教えられたことを思い出すのだった。六〇年代初頭のあるエピソードは特に印象深かった。あるレストランに両親は予約を入れたが、その店は黒人を入れないことで有名だった。二人が店に到着すると、案内係の女性が「手違いがありました」と言った。予約はキャンセルされ、席につくことはできなかった。レストランの席は半分しか埋まっていない。

二人は店をあとにした。家に帰ると母親は、旧姓でもう一度その店に予約を入れた。父親は地元で有名な運動選手だったので、その名前が広く知られていたから、名前を変えてみたのだ。店はなんの疑いも持たなかった。一時間後に二人が再び店に出かけると、案内係は、歓待とはいえないものの席に案内してくれた。

たとえウォール街のオフィスにいて年月を隔てても、このときのことは、いまでもルイスの気持ちを揺さぶった。両親の生き方を思ったとき、ルイスは現在のジレンマに対する最善の答えらしきものがわかりはじめた。息子の目で事態を考えてみようと思った。若い投資銀行家としてではなく、一人のアフリカ系アメリカ人として見つめようと思った。「お飾りの黒人」としては会議に参加しない、とルイスは心に決めた。それは両親の教えに反することだった。

しかし彼は、自分の人種的特徴こそが、道徳的アイデンティティの最も重要な要素だと定めた。ここ数年担ってきた職業上の役割よりも、それが自分の本質にずっと深く強い結びつきを持つものだと確信した。

抜け目なさと実利追求

スティーブ・ルイスが行ったような内省は、人を、現実世界の要求からやすやすと引き離す。強い個人的な思い入れで向こう見ずに身を投じた結果、個人的にも仕事のキャリアにおいても、深刻な痛手を被ったマネジャーをだれもが目にしたことがあるだろう。ルネッサンスの哲学者マキャベリや、プラグマティズムの思想家たちが説くように、現実主義で叩き上げられていない理想主義が、世界の改善に寄与することは稀である。

したがって、次なる重要な問いかけは、「抜け目なさと実利追求と、発想力と大胆さとを、どのように組み合わせれば、自分の信じる正しさを実行に移せるか」である。

これはもちろん、「何をすべきか」とはまったく異なる問いかけだ。ビジネスの世界は実利主義の泥臭い戦いの場であり、自己を省みるだけでは仕事の成就はままならない。内省のプロセスはしぶとさや説得力、抜け目なさ、自信に支えられ、具体的行動へと実を結ぶようでなければならない。

ルイスは自己主張と現実主義をどのように結びつけたのだろうか。彼はプレゼンテーションへの参加を決意したが、同時に賭けにでた。少なくとも納得できる条件で引き受けようと考えたのだ。今回の責任者であるパートナーのブルース・アンダーソンに、参加の打診を受け光栄であると告げるとともに、自分もプレゼンテーションの分担を持ちたいと伝えた。プレゼンテーションまでの残りの三〇時間をその準備に注ぎたいとも言った。

アンダーソンに理由をたずねられるとルイスは、チームの一員としての役割を果たしたいとだけ述べた。アンダーソンは渋々了解した。実際、ある重要度の低いプレゼンテーションで、基礎的な分析テクニックが必要とされていることがわかった。ルイスもそのテクニックなら熟知していた。

彼はプレゼンテーションの準備に熱心に取り組んだ。しかし、会議で一二分間の持ち時間のために立ち上がったときは、激しい頭痛に襲われ、アンダーソンの申し出を断ればよかったと悔やんだ。ルイスが行った一日だけの詰め込み準備は、他の同僚たちがプロジェクトに費やした数週間には及ぶべくもなかったが、にもかかわらず彼のプレゼンテーションはできが良く、同僚から、よくやったと称賛を受けた。

終わってみるとルイスは、直面したジレンマに健全な意味あいを持たせることができ、解決にあたり実質的な役割を果たすことができた。会議のお飾りにはならなかったのだ。それどころか、キャリアを強化することができたのである。彼は、会社における一種の通過儀礼とでもいう小テストをパスしたように感じていた。仕事の達成のためには骨身を惜しまないことを示しただけでなく、名ばかりのメンバーにはさせないことをアピールしたのである。

今回声がかからなかった白人のアナリストや同僚たちは、おそらく多少文句を言っただろう。しかし、ルイスは思った。もし彼らが同じ立場に置かれていたら、自分のように立ち回ることができただろうか、と。

我々は何者か：職場グループにとってのディファイニング・モーメント

マネジャーの地位が高くなるにつれて、ディファイニング・モーメントはますます解決が困難になっていく。個人個人のなかで対立する信念のぶつかりあいとして現状を見るだけではなく、別の次元の視点も考えなければならないからだ。それは、職場の価値観と、管理下にある社員への責任である。

たとえば、たびたび酒臭い状態で出社する社員にどう対応すべきか、セクハラ的発言をした社員への対処はどうするかなど、この手のディファイニング・モーメントの場合、問題とその解決は、一個人の問題としてだけでなく、一緒に働くグループ構成員の間の全体の問題としてもとらえなければならない。事態は社会性を帯びており、グループの将来を決定し、価値観を形成するほどまでに重要になっている。

視点の相違

倫理的問題に対して、ある種の近視眼に陥るマネジャーは数多い。グループ全体が自分と同じレンズで現状を見ている、と信じてしまうのだ。このような考え方では、多くの人たちを団結させ、共通の目的を達成させることはむずかしい。育ちや宗教、人種、教育の違いから、二人の人間が一つの現実を同じように見つめるのは困難である。ましてグループとしての考えをまとめるのは、なおさら困難なのはいうまでもない。

ここでのマネジャーの試練は、自分の信じる正しさをグループに課すことではない。ほかのメンバーがこのジレンマをどう見ているかを理解することである。マネジャーは、「この状況に対して、強力で説得力のある意見はほかにないだろうか」と自問しなければならない。

この種の問題の古典的な事例として、三五歳のピーター・アダリオの例を見てみよう。アダリオは、コンピュータ製品の流通業者セイヤー・マイクロワールドのマーケティング部を率いている。既婚で三人の子どもがいる。成績のよい営業マン、支店長として彼がほぼ順調なキャリアを歩んだのは、さまざまなチャレンジを行うことで積極的に現在のポジションを勝ち取ってきたからである。

アダリオの配下には三人のマネジャーがいて、マーケティング部五〇人を管理している。アダリオは、本社に四人いる副社長のうちの一人の部下だった。

アダリオは少し前にキャサリン・マクニールをアカウント・マネジャーとして採用していた。シングルマザーの彼女は、資格も能力も申し分なかったが、息子の世話に時間をとられ、全体の仕事のスピードについていくのに苦労していた。職場のペースは過酷だった。会社は合併作業を急いでいる最中で、週六〇時間労働が当たり前になっていた。

マクニールは上司のリサ・ウォルターズと折り合いをつけるのにも苦労していた。ウォルターズは部の中間管理職で、アダリオの部下だ。野心家のモーレッツ社員で、セイヤー・マイクロワールドというペースの速い職場環境に適していた。彼女は、マクニールの仕事がつねに遅れぎみで、予定が立たないことに苛立っていた。

アダリオはウォルターズの気持ちをさして気にとめていなかったが、ある朝、未処理書類の山の上に、手書きのメモが置かれているのに気づいた。これが二回目だったが、二つともマクニールの労働時間に対する不満が述べられ、解雇すべきだと要求していた。

自らも父親であるアダリオはマクニールの立場に同情的で、状況は明らかにディファイニング・モーメントだった。会社の利益主義には反するが、社員は家族とすごす時間も必要だ、という彼の信念を表明するときだった。

アダリオは会議を開くことにした。二人の女性と膝をまじえて話し合えば、なんとか、ことは収まるだろうという自信があった。しかし、会議の直前になってアダリオはびっくりした。ウォルターズが自分を飛び越え、シニア・エグゼクティブに相談していたことを知ったからだ。二人はマクニールのオフィスに行って、彼女を解雇してしまったのだ。同僚から聞いた話では、マクニールに与えられた時間は四時間で、荷物をまとめ出て行ってしまったという。

アダリオが「正解対正解」の問題としてとらえたことを、ウォルターズは「正解対誤り」ととらえていたのだ。彼女は、根本的な問題は、自分の役割を十分に果たしていないマクニールの無責任さであり、アダリオの実行力のなさだと信じていた。マクニールのカスタマーアカウントはきわめて重要だったが、会社が危機的状況に等しい時期であるにもかかわらず、予定より遅れをとっていた。ウォルターズは、過剰な負担を負わされたチームのなかで、一人のメンバーが特別の待遇を受けるのは不公平だとも強く感じていた。

アダリオは振り返ってみて、自分とウォルターズは同じ事実を見ていながら、まったく異なる結論にたどりついていたことがわかった。自分の視点は、さまざまな受け止め方のうちの一つにすぎないことに、もっと早く気づいていれば、別の視点との困難な戦いの渦中に自分が遭遇していたことがわかったのかもしれない。

影響力のある行動

もちろん、対立する意見の違いを見分けることは、戦いのほんの一部分である。職場組織をよく見つめ、だれの意見が最後に勝ち残るのか、現実的な評価をすることも必要となる。どの考えが優勢となるかは、さまざまな要因によって決まってくる。企業文化、グループ内の規範、会社の目標、ポリシー、それに組織内の避けがたい政治工作や争いなどである。

アメリカ人哲学者ウィリアム・ジェームズの言葉を借りれば、「ふつうの人間の心には、最後に勝ち残った見解がいちばん心に刻まれるはずだ」ということだ。だとすればマネジャーは、次のように、「どの視点が戦いに勝ち、他人の行動や考え方に影響を及ぼす可能性が最も高いだろうか」と自問しなければならないだろう。

この問いかけをピーター・アダリオがじっくり行っていたら、別の結果が出ていたかもしれない。トラブルを、もっと大きな、会社組織における仕事対家庭の問題としてとらえることができていたかもしれない。アダリオとマクニールにとって、仕事と家庭からの要求とは、たえまなく疲労にさらされることで、四方八方に振り回される感覚だった。やるべきことすべてに、到底追いつけないフラストレーションだった。

しかし、大多数が若くて、まだ子どものいないセイヤー・マイクロワールドの社員にとっては、仕事対家庭の問題とは、ほかの社員には世話が必要な家族がいるために、自分がそれだけ長時間働かなければならないということだった。重い分担をもたされた独身社員には、アダリオの家庭優先の価値観に共感する余地はほとんどなかったのである。

プロセスにおける真実

前もって計画することは、マネジャーの仕事の中心部分である。問題が危機的状況になる前に、事前に問題を察知しなければならない。グループにおけるディファイニング・モーメントにも同じことがいえる。ディファイニング・モーメントとは、もっと大きなプロセスの一部分としてみなされ、ほかの問題と同様に管理されるべきものだ。

有能なマネジャーは、ディファイニング・モーメントが現実に目の前に現れる以前から、それが成功裏に解決できるように準備を整えている。なぜなら、ウィリアム・ジェームズの言葉を借りればこうだ。

「アイデアの真実性とは、そのなかに従来から備わっているゆるぎない特質ではない。真実がアイデアのなかにたまたま起きるのである。『真実になる』のは出来事によって実現するということだ。事実、真実の正当性とは出来事であり、プロセスなのだ」

ある視点を浸透させるようコンディションづくりをするにあたっては次のように、「自分の視点がグループ内で勝ち残るように、プロセスを調整してきただろうか」と問うことがよい。

自分の意見に反するプロセスがある微かなシグナルを発していたのを、アダリオは何度か見逃していた。ウォルターズがアダリオに二度も、マクニールを外すべきだとのメモを出したのを思い出してほしい。この二つのメモが実際に意図するところは何だったのだろうか。ウォルターズの計画の一時的な表明だろうか、それともアダリオの権威のテストだろうか。また、アダリオの失敗をウォルターズはどのように利用して反撃に出たのだろう。

明らかに彼女は、アダリオの反応、言い換えれば反応のなさを、マクニールをクビにする気はないものと解釈したのである。アダリオはマクニールをクビにしたいが、自分で手を下したくはないのだ、とまで思ったかもしれない。つまるところ、アダリオのディファイニング・モーメントは、まずい方向へといってしまったのだ。ウォルターズが会社のトップ・マネジメントに、切羽詰ったストーリーをぶちまけてしまったからだ。彼女はそうやってアダリオを先制し、彼が行動を起こさなかったことで生じた穴を埋めたのだ。

アダリオは、仕事対家庭の対立の構図が表沙汰となり、グループに不意打ちを与えるのを待ち構えていないで、問題を予期し、先を見越したアプローチをとり、家庭と仕事双方の価値を認める職場の雰囲気をつくりあげることができたかもしれない。最悪の事態が起きるのを防ぐ機会は、アダリオに十分あったはずだ。

マクニールを、ほかの社員に積極的に紹介してもよかった。とりわけ、彼女のスキルと経験、それも特にアカウント・マネジメントの分野で会社に貢献する実力を強調する必要があった。社員がマクニールを個人的に知る機会、彼女の息子に会わせる機会をもつくることもできたはずだ。そうすれば、彼女がやってきたことをほかの社員も理解し、評価しただろう。

勝つための戦い

ディファイニング・モーメントの特質の一つは、ドラマに参加するプレーヤー全員の利害にかかわる事柄が数多くあることだ。少なからずプレイヤーは、自分自身の利害をまず優先する。このようなビジネス・セッティングでは、善意の企画も最高の計画も、仕事を達成することはできない。

マネジャーは腕をまくりあげて、組織抗争に身を投じる覚悟をしなければならない。適切で効果的な方法を用いて、自らのビジョンを現実のものとするのである。そして、「戦いのための戦いをしてはいないだろうか。勝つための戦いをしているだろうか」と問いかけなければならない。

セイヤー・マイクロワールドの場合、ウォルターズとアダリオの意見の対立は、明らかにもっと大きな力の戦いの断片にすぎない。ウォルターズは、マクニールが解雇される前にアダリオの仕事に着目しなかったとしても、おそらく解雇後にはしただろう。トップ・マネジメントは、彼女の仕切るスタイルがお好きなようだった。アダリオがアンダーハンドでソフトボールを投げて根回しをしていたとすると、ウォルターズは硬球を投げていたのだ。セイヤー・マイクロワールドでは、筋をとおすというアイデアリズムを政治的手腕なしに行うと、うやむやになるのは確実だろう。

アダリオがマクニールを採用したとき、彼の気持ちに迷いはなかった。彼女は仕事ができると信じ、その気丈さに敬意を払い、活躍の場をつくりたいと思ったのだ。しかし、彼の殊勝な気持ちは、機動力や抜け目なさ、政治的手腕という才覚で支えられなければならなかった。一方、ウォルターズは機を逃さなかった。自分の行動のタイミングを注意深く見計らい、シニア・マネジャーという強力な力添えを見つけ、その尽力で計画を遂行した。

アダリオはつまずいたが、ディファイニング・モーメントから多くを学んだことを思えば、たいした痛手ではなかった。マクニールの解雇後、アダリオは人づてに、仕事対家庭のジレンマに関して自分のような考えをもつ社員がほかにもたくさんいると知り、以前より自信をもって行動するようになった。上司には、マクニール解雇の決定は納得できないといい、決定方法に強く抗議した。

そしてウォルターズには、彼女のとった行動は、アダリオが評価する次の査定で特筆されるだろうと告げた。ウォルターズも副社長もあまり反論はできず、同様の出来事は二度と生じなかった。遅ればせながら、アダリオは自分の要求をとおしたのだ。彼は学んだ。マキャベリの言葉を借りれば、「社会で何の地位も持たない人間は、犬すら吠えさせることもできない」のである。

企業とは何か：エグゼクティブにとってのディファイニング・モーメント

自分の人生や職場の舵を取り直すには、内省と、計画された行動とを熟慮し、織り交ぜることが必要だ。しかし、会社全体の経営責任を負う人は、ときとしてさらに複雑なタイプのディファイニング・モーメントに直面する。労働組合、メディア、株主、その他会社の利権にかかわるあらゆる人々を前に、より大規模なステージで、自らが信じる正しさの表明を余儀なくされる。

店頭販売の医薬品に異物が混入していたという報告をCEOが受けたとき、彼が直面するジレンマの複雑さを考えてみてほしい。あるいは、海外の工場で女性や子どもが不公平な扱いを受けているとメディアが報じ、それに対応しなければならないエグゼクティブの立場を考えてみてほしい。このタイプの決定でエグゼクティブは、自分自身や職場のグループのみならず、会社全体を、後戻りできない一連の行動に引きずりこむことになるのだ。

個人と組織の力

このような重大決断を前にすると、エグゼクティブはふつう会議を開いたり、ネゴシエーションをはじめたり、コンサルタントや弁護士を雇ったりする。これらのステップは有効だが、エグゼクティブが時間を割き、必要なステップを踏んで、話し合い中に自らが強力なポジションを確保しないかぎりは、期待はずれに終わってしまう。強いポジションにいれば、リーダーは正しいと信じるビジョンを押し出せるものだ。

逆に弱いポジションにいると、リーダーの行動は内実がともなわず、惨憺たるものとなる。さらに、個人的な判断で社会に立ち向かおうとする前にCEOは、自らの決断が会社の安定や、社員の雇用や、株主の収益を脅かすことはないか、十分に確認しなくてはならない。つまり、「自分のポジション、組織の力と安定とを守るために、できることをやりつくしただろうか」と自問することが必要だ。

八八年、フランスの製薬会社ルセル・ウラアのCEO、エドゥアール・サキは、この規模のディファイニング・モーメントに直面した。サキは、新薬RU-486を発売するか否かを決断しなければならなかった。のちに、フランス製妊娠中絶薬として知られるようになった薬である。RU-486は試験時に、妊娠五週目までに九〇~九五パーセントの確率で流産を誘発した。

発売を検討していたサキは、自分が大規模な国際的論争の渦中にいることに気づいた。中絶反対派は、薬の実用化が検討されているというだけで激しく抗議していた。賛成派は、女性の中絶権利獲得の戦いにおける大きな前進だと表明していた。ルセル・ウラアの親会社ヘキストの株主は、大多数が発売に反対だった。発売されれば、ヘキストに対して大規模なボイコット行動が生じるおそれがあったからだ。ルセル・ウラア株を一部保有しているフランス政府にとっては、RU-486はヤミ中絶の根絶への一歩前進と考えていた。

ある面でサキが迫られた決断は、個人的なディファイニング・モーメントであることは疑うべくもない。彼は長年にわたりRU-486にかかわってきた医師だった。研究者として勤務していた時代、彼はRU-486の基礎となる化合物の開発に貢献した。新薬によって数多くの女性、とりわけ貧しい国の女性が、粗末な中絶手術で傷を負ったり命を落としたりするのを回避できると、彼は強く信じていた。自分が経営者にならなければ、RU-486が市場に出回るかどうかは疑わしいと思っていた。だからサキは、自らのポジションを守らなければならなかった。

もう一つの側面からすると、サキには仕事と社員の安全を守る責任があった。そのためには、会社に対する手痛いボイコットや抗議行動の危険を避けなければならなかった。しかし、RU-486を熱心に推す社員もいれば、倫理上の理由で反対する社員、抗議やボイコットがルセル・ウラアと製品の信用を傷つけるのではないかとおそれる社員もいて、決断は一筋縄ではいかなかった。

サキは、どうすれば自分と社員の利益を守り、そのうえで薬を発売できるのだろうか。どの道を選んだとしても、大衆の不評は免れられないと彼にはわかっていた。勇敢なライオンを気取り、R

U−486の道徳的必要性を訴えて進めるのは馬鹿げている。そんなアプローチが成功するには、あまりにもマイナス要因が多すぎた。自らの地位を代償としかねず、会社は長く苦しい危険な騒動に引きずられかねないのである。

社会における組織の役割

この三つめのディファイニング・モーメントがきわめて困難なのは、「形をつくり、さらけ出し、試す」のがエグゼクティブ自身や職場だけでなく、会社全体とその社会における役割にまで及ぶからだ。そのため、アクション・プランは三段階で推し進める必要がある。個人、職場、そして社会全般である。どの方面で先頭に立ちたいのか、政府とはどうかかわるべきか、株主とはどうか。リーダーは自分自身に、「組織の社会における役割と、利害関係者とのかかわりについて、建設的で大胆、かつ発想豊かに考えただろうか」と問わなければならない。

サキは、ルセル・ウラアにどんな役割を演じてほしかったのだろう。安易な抜け道を望んでいなかったのは間違いない。避妊薬など、生殖にかかわる薬品の市場から完全に撤退すれば、ドイツの親会社をよろこばせ、長年におよぶ論争やボイコットを避けることができただろう。多くのアメリカの製薬会社はすでにこのアプローチをとってきた。

ルセル・ウラアの社会的役割とは、株主の利益となることであると月並みに考え、ルセル・ウラアとヘキストへのボイコットは、薬の販売で稼ぐよりはるかにコスト高となりそうなので、RU−

486発売は断念すべきだと宣言することもできた。

そうではなくサキは、ルセル・ウラアの役割を大胆な方法で決断しようとした。手術せずに中絶する方法を求めている女性や医者は、ルセル・ウラアの中心的利害関係者であるはずだ。会社はこうした人々を周到な政治的活動を通じて支援しようとしていた。このアプローチは、サキ自身の本質的価値観と共鳴するものであり、社員やその他多くの利害関係者の望みとも共鳴するものだ、と彼は考えていた。RU－486をなんとかして市場に登場させなければならないことが、彼にははっきりしていた。唯一の問題は、その方法だった。

ビジョンを現実に

正しいと信じるビジョンを現実のものとするために、トップレベルのエグゼクティブは、細心の注意をもって敵と味方を見分けなければならない。会社の内外とどのような関係を持っているだろうか、どの勢力が自分の措置に抗議、敵対するのだろうか、反対派の力と戦術を甘く見てはいないか、味方の良心を過信していないか、私の決定で阻害されるのはだれか、どの派閥がどのように報復してくるだろうか。こうした注意項目をまとめれば、「抜け目なさ、創造性、粘り強さをどのように組み合わせれば、私のビジョンは実現するだろう」という問いかけになるだろう。

しかし、マキャベリの言葉はもっと簡潔である。「ライオンを演じるべきか、キツネを演じるべきか」である。

サキの心の内を正確に知ることはできないが、ライオンを演じる気はさらさらなかったことは、彼の行動から推察できる。フランス政府がRU－486を認可した一カ月後の八八年一〇月二一日、サキをはじめとするルセル・ウラアの経営委員会は、決断を下した。その出来事を「ニューヨーク・タイムズ」紙は、次のように伝えている。

「一〇月二一日の会議の席上、サキはRU－486についての話し合いを求め、経営委員会のメンバーを驚かせた。ルセル・ウラアの近代的な役員会議室では、RU－486の根強い反対派による意見が繰り返された。『RU－486は手痛いボイコットの火種となりかねず、そのことが社員のやる気をなくさせている』『マネジメントはこの論争に時間をかけすぎている』『薬はほとんどが原価スレスレで、第三世界に販売されるのだろうから、結果的に大きな儲けにはならない』というのが主な内容だった。二時間後、経営委員会は再びサキに驚かされた。彼は、挙手による決議を要請したのである。そして、サキ自身がRU－486の発売中止に手を挙げたことで、その運命は明確になった」

この決定は、社員には一〇月二五日に通知された。翌日ルセル・ウラアは、中絶反対派の圧力によってRU－486の発売を断念する、と公に発表した。同社のスポークスマンは決定を、「アメリカの圧力団体はきわめて強力で、おそらくフランスよりも強いでしょう」と説明した。

ルセル・ウラアの決定とサキが果たした役割は、驚きと怒りを巻き起こした。評論家は、ルセル・ウラアとそのリーダーシップは、有望な公衆衛生ツールの未来を台なしにし、臆病者の悪例を敷いたと非難した。RU−486の開発における重要な研究者、エティエンヌ・エミール・バリューはサキの同僚であり友人だが、決定は「道徳的にスキャンダラス」だといい、圧力に屈したとサキを責めた。アメリカとヨーロッパの女性問題団体、家族計画の提唱者、医者などは、サキの決定に激しく抗議した。しかし、今回の決定はなんの不思議もない、六〇年代に避妊薬をめぐる論争をしたときもルセル・ウラアは製造中止を決定したのだから、と皮肉る評論家もいた。

ルセル・ウラアが発売中止を宣言した三日後、フランス厚生省大臣が副会長を呼び、発売しないのなら認可を別の会社に移すと告げた。その会議後、ルセル・ウラアは再度大衆を仰天させた。当初の決定の撤回を宣言したのだ。結局、ルセル・ウラアはRU−486を発売した。

サキは目的を達成したのだが、それは狡猾な方法によるものだった。味方を求め、自分の側に結集させたが、間接的で抜け目ないやり方で行われた。あらゆる利害関係者からの、予想される反応を利用して一連の出来事を調整することで目的の達成を促し、自分が導いているようには見せなかったのである。事実、サキは外部の圧力に屈したように見せかけていたのだ。

サキは、三つ目のディファイニング・モーメントの三つの重要要素を実現したのである。

第一に、彼はルセル・ウラアにおける自らの地位を守った。フランスの厚生大臣はサキを支持しており、ヘキストがサキを追い出し、別のCEOを指名したら腹を立てたに違いない。あらゆる方法でドイツの企業に報復したかもしれない。第二に、フランス政府を決定に巻き込むことで、サキは薬の発売をめぐる論争の矛先をルセル・ウラアからほかへそらし、社員と利益とを守ることができたのだ。第三に、サキはルセル・ウラアにフランスそして国際的な場における、技術的、社会的なリーダーシップを担わせたのだ。

強い緊張に耐えうる弓

スティーブ・ルイス、ピーター・アダリオ、エドゥアール・サキという三人の事例を通じ、徐々に複雑化した、だが変わらぬ挑戦を見ることができた。三人のマネジャーは、自問という困難な行動をしながら、与えられた状況下で、自らが信じる正しさを基盤とし、計算された行動をとることができた。

しかし、三者の成功の度合いは一様ではない。スティーブ・ルイスは、個人的価値観とビジネスの現実のバランスを保つことができた。その結果、彼は倫理観に満ちあふれた行動をとり、キャリアアップにつながった。ピーター・アダリオの価値観の理解は健全なものだったが、セイヤー・マイクロワールドという競争の激しい職場環境で、その実現に失敗した。結果として、マクニールの解雇を食い止められず、自分自身のキャリアも危険にさらされた。エドゥアール・サキは、自分と組織の価値観に忠実であっただけでなく、社外の反対勢力や賛成派の行動を予測していた。結果は、世界をあっといわせた新薬の発売となった。

一九世紀ドイツの哲学者ニーチェは、「反対派の存在と、それがもたらす感情を経験してこそ、偉大な人物は、強い緊張にも耐えうる弓のように成長する、と私は信じている」と述べている。

ディファイニング・モーメントは、この「反対派」と「感情」とを一緒にしてスポットライトをあてる。アイデアリズムに忠実な自分の気持ちと、ドロドロした現実にある仕事との均衡点を探すよう、私たちは強いられる。そのとき、ディファイニング・モーメントはたんなる知的なエクササイズではない。啓発された行動をとり、人間的に成長する機会なのだ。

〔注〕

1・スティーブ・ルイスとピーター・アダリオの事例に登場する人物名は、プライバシー保護のため仮名としてある。

Column

ディファイニング・モーメントへの手引き

(1)個人に対して:私はだれか

①どんな感情や直感が対立しているのか。

②対立する責任や価値観のうち、自分の人生や組織にいちばん深く根ざしているのはどれか。

③抜け目なさと実利追求、発想力と大胆さを、どのように組み合わせれば、自分の信じる正しさを実行に移せるか。

(2)職場のマネジャーに対して：我々は何者か

①この状況に対して、強力で説得力のある意見はほかにないか。

②どの視点が戦いに勝ち、他人の行動や考え方に影響を及ぼす可能性が最も高いか。

③自分の意見がグループ内で勝ち残れるように、プロセスを調整してきたか。

(3)エグゼクティブに対して：企業とは何か

①自分のポジション、組織の力と安定を守るためにできることをやりつくしたか。

②社会における役割と利害関係者とのかかわりについて、建設的、大胆、かつ発想豊かに考えたか。

③抜け目なさ、創造性、粘り強さをどのように組み合わせれば、ビジョンは実現するか。

第5章

高業績CEOが実践する五つの経営スタイル

The Ways Chief Executive Officers Lead

チャールズ M. ファーカス
Charles M. Farkas

スージー・ウェットローファー
Suzy Wetlaufer

チャールズM.ファーカス　Charles M. Farkas
ベイン&カンパニーのディレクターで、グローバル・ファイナンシャル・サービスの代表。長期的成功に不可欠な問題に関して、幅広い企業のCEOやトップ・レベルのマネジャーにアドバイスを行っている。またヘルス・ケア、消費者製品、リテーリング、製造業分野のリーダーでもある。主な著書に*Maximum Leadership*など多数。

スージー・ウェットローファー　Suzy Wetlaufer
リーダーシップ論、チーム論、組織心理学分野を専門とするハーバード・ビジネス・レビューのシニア・エディター。

【論文初出データ】
The Ways Chief Executive Officers Lead（HBR, 1996年11-12月号）
高業績CEOが実践する五つの経営スタイル（DHB, 1996年8-9月号，森尚子訳）

五つのリーダーシップ・アプローチ

会計士やエンジニア、財務担当者、技術士、情報専門家、マーケティング担当者など、ビジネス界の専門家を養成する学校にはこと欠かない。もちろん、経営幹部を育てる学校もあり、これを目指す人たちは、何千とはいわないまでも何百ものMBA（経営修士号）取得コースのあるビジネススクールのなかから、好きなビジネススクールを選ぶことができる。

しかし、実際に全社員から最高の成果を引き出すことが期待されている人たちは、どこでその方法を学べばいいのだろうか。企業のCEO（最高経営責任者）の場合は、現場での経験のほかに学ぶ場はない。企業のトップたちは、会社をどうリードしていくかを実地で学ばなければならず、しかも、利害関係者全員が注目するなかで学んでいかなければならないのである。

CEOの仕事は、社内のほかのどの仕事とも違う。CEOの仕事に明確な規定などない。当然のことだがCEOは、自分のあずかり知らぬ決定や行動までも含めて、社内のあらゆる決定や行動の最終責任者なのである。たとえその座に就いたばかりでも、CEOには少しのミスも許されない。

ある調査によれば、CEOの三五パーセントから五〇パーセントが五年以内にその座を去っている。これは、どんな企業ものんきに受けとめてはいられない数字である。なぜなら、企業がリーダーを失えば、たとえ一時的であっても、企業としてのアイデンティティや方向性が、必ずなんらかのかたちで損なわれるからである。

二年前、我々はCEOの役割に興味を抱き、CEOが企業をどのようにリードしているかについて調査を行った。一年間にわたって、世界中の企業のトップ一六〇人に面接調査を行ったのである。その大半は、鉱業、コンピュータ、清涼飲料など多種多様な産業分野の大企業の経営者だった。こうした企業トップの企業経営法の裏に、どういう特徴的な姿勢、活動、行動があるかを調査するのが目的だった。

正直にいうと、この調査プロジェクトを開始する時点で我々は、一六〇人のCEOには、リーダーシップへのアプローチが一六〇とおりあるだろうという仮説を立てていた。ところが、実際は違っていた。際立ったアプローチとしてはたった五とおりしか存在しなかったのである。

どこの国の企業であろうと、どんな製品をつくっていようと、CEOは自分がどうすれば会社に最高の価値を付加できるかについては、そのガイドラインや自分なりの哲学を開発しなければならない。この哲学が、CEOのリーダーシップ・アプローチを決定するのである。「アプローチ」という言葉を使ったが、たとえばCEOは、戦略の策定や研究開発、社員の採用などといった経営方針のどの部分を最も重視するか、組織内のどういった人材や行動に価値を認めるか、どのような決定を自ら下しているのか、または人に任せるのか、毎日の時間をどういうことに費やしているのかなど、我々はそうしたことでCEOのアプローチを判断していったのである。

リーダーシップ・アプローチとは、首尾一貫した明確な経営スタイルであり、個人的な趣味や主義の反映ではない。この点は重要なポイントである（**コラム**「CEOの個性はどう関係するのか」を参照）。

調査では、優れた業績を上げている企業におけるCEOは、たんに自分の個性に合ったリーダーシップ・アプローチを採用するのではなく、組織のニーズとビジネスの現状に最もうまく対応するアプローチを採用していることがわかった。

その企業が属している業界は急成長中なのか、それとも、もう成熟の域に達しているのか。技術がものをいうのか、もしそうなら、今後、技術はどういう方向に向かうのか。自社の資本とは何か、人材とは何だろうか。持続可能な競争優位を可能にするものは何か。自社は、それをどこまで達成しているのか。こうした疑問への答が、優秀なCEOが次に挙げる五つのリーダーシップ・アプローチのなかからどれを採用するかを決定しているのである。

1 戦略型アプローチ

戦略型アプローチを採用しているCEOは、CEOの最も重要な仕事は、将来まで継続される長期戦略も含め、戦略を開発し、試験し、実施に向けた準備を整えることにあると信じている。このアプローチを採用しているCEOは、自ら社内の全部門にくまなく目を向けることになり、したがって組織内に資源を配分し、自社に最も適した方向を決定することができると語っている。

日常業務においては、このタイプのCEOは、自社のポイント・オブ・デパーチャー（ビジネスの現状）と、ポイント・オブ・アライバル（将来、獲得することを目指す市場での最高優位到達点）を、正確に把握することを目的とした活動に時間を割いている。また、自分の時間の約八〇パーセントは、採用や管理システムなどの社内的な要素ではなく、顧客や競合他社、技術進歩、市場動向といった外的要素に費やしている。そのため、戦略型アプローチを採用しているＣＥＯは、的確な分析と計画立案能力を持つ社員と、日常業務を任せることのできる社員に価値を認める傾向にある。

2 人材型アプローチ

戦略型アプローチのグループに属すＣＥＯとは対照的に、人材型アプローチを採用しているＣＥＯは、戦略の策定は市場に近いところ、すなわち個別の事業部門が行うべきだと信じている。このタイプのＣＥＯによれば、自分たちが第一にしなければならないのは、社員個々の成長と開発を綿密に管理することにより、一定の価値観と行動、姿勢を社内に植えつけることだという。そして、定期的に支社、支部を回りながら、採用や業績評価、キャリア・マッピングといった人事関連の活動に時間の多くを割いている。

このタイプのＣＥＯが目指すのは、社内のいたるところに、ＣＥＯと同じ立場に立てる社員を人工衛星のように配備することである。言い換えれば、組織のどのレベルにも、ＣＥＯと同じように行動し、意思決定を行うことのできる社員を置くことである。このタイプのＣＥＯは、当然ながらいつも組織の規範を守るとは限らない、いわゆる独立独歩タイプの人間ではなく、つねに「会社のやり方と同じ」行動をとる長期勤続の社員に価値を認めている。

3専門知識型アプローチ

専門知識型アプローチを使って企業をリードしているCEOは、自分の最重要責務は、自社の競争優位の根源となる専門知識を特定し、これを社内に普及させることだと信じている。専門知識型アプローチのCEOのスケジュールを見ると、新技術研究についての調査、競合他社の製品の分析、エンジニアや顧客との会合など、専門知識の開拓とその継続的改善に関する活動に時間の大部分を費やしていることがわかる。

このタイプのCEOは、専門知識を身につけ、それを社内の事業部門や職務機能に広く普及させる人材に報いるための、昇進方針や研修プランといったプログラム、システム、手順の設計に重点を置くケースが多い。また、専門知識のトレーニングをすでに受けている人材を好んで採用する一方で、柔軟な頭脳を持ち、先入観がなく、専門知識に専心することをいとわない(信奉するといってもいいくらいの)人材を求めてもいる。

4ボックス型アプローチ

ボックス型アプローチに分類されるCEOは、社内の財務と文化の一方あるいは双方に、明快なコントロール手段を置き、これを周知させ、監視することにより、会社に最も価値を付加できると信じている。そしてそれが、顧客と社員に対して、会社の一貫性を示すとともに、前もって予測できる行動と経験を確実なものにできると信じている。また、自社の成功は、顧客に一貫性あるすばらしい経験を提供することができるかどうかにかかっているとの信念も持っている。

そのためボックス型アプローチのCEOは、四半期の業績が予測を下回った、あるいはプロジェクトが予定どおりに進展しなかったというように、設定したコントロール手段が効果をあげなかった問題の対処に時間の大半を費やしている。また、ほかのタイプのCEOに比べて、社員が期待する行動をもっととるようにと、具体的で規制色の強い政策や手順、報奨策をつくることに多くの時間をあててもいる。

このタイプのCEOは、社内では年功に価値を認める傾向にあり、企業の中枢部門に長年貢献してきた人材を昇進させることが多く、経営幹部を社外から起用することはめったにない。

5変革型アプローチ

変革型アプローチを採用しているCEOは、最も重要な役割は、たえず再生が行われる環境を創出することだと信じている。たとえそうした環境が不安や混乱を招き、戦略的なミスにつながり、業績を一時的にでも損なうおそれがあるとしても、だ。戦略型アプローチのCEOと比べると、変革型アプローチのCEOは、自社の特定のポイント・オブ・アライバルではなく、そこにいたるプロセスを重視する。

このタイプのCEOの重点設定は、ボックス型アプローチのCEOとも明らかに異なる。コントロール・システムや報告書、計画立案サイクル、コーポレート・ポリシー、ルールなどは、いわゆるチェンジ・エージェント（変革の促進役）であるこのタイプのCEOの関心の対象ではない。そのかわりこのタイプのCEOは、社員が変革精神を身につけられるよう、動機づけのためのスピーチや会議といったコミュニケーション手段に自分の時間の七五パーセントも費やしている。また、顧客から投資家、サプライヤー、あらゆるレベルの社員にいたるまで、さまざまな利害関係者と会うために、毎日を、いわゆる現場ですごしている。

こういうCEOが価値を認めるのは、積極果敢だとか独立心があるとかいわれる人たちで、自分の仕事をたんに職務とみなすのではなく、前進のための日々の機会であると考える人たちである。チェンジ・エージェントであるこのタイプのCEOにとって、年功は重要ではなく、情熱やエネルギー、新生された未来こそがはるかに重要なのである。

ここからは、この五つのリーダーシップ・アプローチについて、さらに具体的に触れていくとともに、どのようなビジネス状況によって、どのアプローチが必要となるのかを探っていきたい。当然、リーダーシップ・アプローチが、重複して採用されている例もある。たとえば、戦略型アプローチを採用しているCEOが人材型アプローチの要素を併用している場合もあるだろう。ボックス型アプローチのCEOのなかには、コントロール重視の組織では見逃されかねない、ボックスの外に位置する問題に対処するため、戦略型リーダーの使うテクニックを採用している者もいる。

しかし我々の調査では、最も経営がうまくいっている企業では、CEOは基本的に一種類のアプローチを採用しており、これをコンパスや舵のように、社内のあらゆる決定と行動を導くための手段として使っていることがわかった。またCEOのアプローチは、そのCEOの在籍期間中に変わる可能性があるし、変わって当然であることも調査は示している。調査対象の一人で、自動車メーカーのダイムラー・ベンツ(当時)のCEO、エッァード・ロイターはこう語っている。

「企業はいわば、生命ある有機体である。環境が変化し、競争が変化し、何か重要な事柄が変化するときが必ずある。CEOは、そうした変化に気づき、先頭に立ってその変化に対応しなければならない」

戦略型アプローチ：未来を重視する

調査をはじめる前、我々はいくつかの仮説を立てていた。圧倒的大多数のCEOが、自らを社内第一の予言者とみなし、短期・長期の戦略を立案する責任があると考えているだろうと予想していたのだ。ところが、調査の結果は違っていた。面接調査を行った一六〇人のCEOのうち、将来の戦略を立てるというリーダーシップ・アプローチを採用していると答えたのは、全体の二〇パーセント以下だった。

調査対象者の意見で最も目立ったのは、顧客や競合他社と意味のある接触を最も頻繁に行う立場の人間が、実際に戦略評価と計画立案を行うべきだとの意見だったのである。イギリスで娯楽事業とホテル事業を行っているラドブローク・グループのCEOピーター・ジョージは、「戦略は各事業部の管轄だ。なぜなら、事業を動かしている人間が最もマーケットに近いところにいるからだ」と述べている。

それにもかかわらず、調査の対象となったCEOのなかには、資本配分や資源管理、技術投資、新製品、事業展開の拠点選定に関する決断を下すには、CEOが最適の立場にあるとの信念を持っている人たちがいた。こう考えているCEOは、それゆえに社内の各部門・事業がそれぞれどこに向かって進むのか、どのくらいの速度で進むのかを決定できるのは、CEOだけだと主張する。ただし、少人数で構成されるコーポレート・チームがCEOを補佐している例はかなりある。

戦略型アプローチをとるCEOのスケジュールをのぞいてみるといい。一つのテーマに沿って、時間が配分されていることに気づくだろう。そのテーマとは、データの収集と培養と分析である。このタイプのCEOは時間の大半を、最終的には戦略に関する決定を下す際に役立つ活動にあてている。つまり、市場と経済動向、顧客の購買志向、競合他社の能力をはじめとする自社業務以外の問題に関する情報を精力的に集め、分析している。またデータ収集源を増やすため、社内のタスクフォースや社外のコンサルタントを利用することも多く、基礎研究、業界紙、独立調査機関などの情報源も熱心に活用している。

戦略型アプローチのCEOは、顧客がいかに行動するのか、何を重要と考えているのかを理解しようと努めている。競合他社の強みについて、技術について、自社の中心的顧客層について、できるかぎりのことを知ろうともする。そのうえ、自社がどういう能力を保有しているのか、あるいは、自社は戦略をどの程度うまく実現できるのかを見定めようとする。自社は何ができるか、何ができないのか。最低コストは。最高品質は。納品までの最短時間は。こうした点を追求するのである。

つまり、戦略型アプローチのCEOは、自社のポイント・オブ・デパーチャーを理解すること、ポイント・オブ・アライバルを選定すること、そして最も重要なことだが、この二つのポイントを結ぶルートをつくることに邁進するのである。

ではどうすればこれが実現できるのだろうか。戦略型CEOは、ほかの四タイプのCEOに比べ、戦略シナリオ分析のための報告、計画立案システムに加えて、集中的な分析を利用しており、コーポレート・チームをこうしたシステムに関連する作業にあたらせるケースが多い。たとえばコカ・コーラには、各国現地法人の責任者が半年ごとに計三日間、コーポレート・チームとともに計画立案作業を行うプログラムがあり、同社のCEOロベルト・ゴイズエタは自らこのプログラムを監督し、各国現地法人の事業のあらゆる要素について検討している。

コカ・コーラの首席執行役員で国際事業担当業務執行副社長のジョン・ハンターは、この会議の作業を次のように語っている。

「我々は、わが社のどの点がうまくいっているか、どの点がまあまあか、どの点がうまくいっていないかを議論する。次年度と向こう三年間の戦略について話し合っている。そして自社製品の消費者、市場、市場環境、ライバル会社ボトラー・システムに、今後どういう変化が起こりうるかを予想する。この作業のあとで、今度は分析を行い、三年後にわが社がどういった位置に到達していなければならないのか、そこに到達するには何をなすべきかについて検討する」

この会議を実施してから数週間後に、各国現地法人の責任者たちは、ジョージア州アトランタのコカ・コーラ本社に集合し、各国の次年度と向こう三年間の戦略案と事業予算を提出する。そこでも厳しい議論、分析、計画立案が行われる。戦略型CEOが率いる企業の多くで見られることだが、こうした会議を補足するため、年間を通じてさらに何度も戦略的な分析と確定化を行う場が設けられている。

デルコンピュータのマイケル・デルも、膨大な量のデータを収集して、自社の短期・長期戦略を立てるCEOの一人である。パソコンの組み立てを事業としているデルコンピュータでは、特別のトレーニングを受けた社員が一日五万件にのぼる顧客からの電話の内容を記録し、分類し、マネジャーに伝えている。そのうえ毎週金曜日になると、世界中の工場、事務所のすべての部門のマネジャーが各地でいっせいに顧客擁護会議を開き、顧客が何を不満に思っているのかをスピーカーを通じて同時に聞いている。

マイケル・デルはこのことを、「つまり、不満を感じている顧客に、わが社全体が敏感に対応したいということだ。文字どおり、社員全員に顧客の声を聞いてもらいたいし、わが社の製品のどこが使いづらくて顧客がイライラしているかを知ってほしいのだ」と説明する。

顧客から寄せられた意見は、新しい製品やサービスのアイデアをつかむために使われてもいる。たとえば同社が、機能が豊富な小型ノートブック型パソコンがほしいという顧客の気持ちを知って、一〇〇メガヘルツのペンティアムを搭載したノートブック機種の組み立て・販売を開始した。その結果デルコンピュータは、このタイプの機種を最初に販売したメーカーの一つとなった。CEOのデル自身も、毎日のようにインターネットで、業界関係者とコンピュータ愛好者が最もよく利用する掲示板とチャットに接続して、市場動向と自社製品、そして他社の製品への反応をチェックすることで、情報と意見を集めている。

CEOは、どういう理由で自らが中心的な戦略策定者の役割を果たそうとするのだろうか。調査では、業種や本拠地による違いはなかった。そのかわり、技術や地理的分布、組織構造という点で、その会社や産業がどれだけ複雑な構造であるかが関係しているらしいことがわかった。たとえばコカ・コーラの場合、世界二〇〇カ国以上に三万二〇〇〇人の従業員がいる。

このほかに、変化の規模や速度も関係しているようだ。状況が激しく変化しているほどCEOは、自らが監視人と水先案内人の両方の役割を果たさねばならないと考えているようだ。

この二つの役割をうまく果たすには、CEOに、データに基づく洞察力が必要だという。そしてこの洞察力は戦略型アプローチによって身につくものである。また、戦略型アプローチを採用するのは、つねに影響力の大きい決定を下さなければならない立場にあるCEOであることが多い。繰り返しになるが、戦略型アプローチにより、情報も入り、分析や計画立案もできるが、リスクを取るにも綿密な計算が必要なのだ。

人材型アプローチ：社員一人ひとりを管理する

人材型アプローチを採用しているＣＥＯは、戦略策定は事業部門に属していると考えていることが多い。このタイプのＣＥＯの多くが、自分の会社はあまりに複雑化している、または、あまりに単純であるという理由で、長期戦略の構築はＣＥＯの時間の有効な使い方とはならないという。

そしてＣＥＯは、自社の成功は優れた業務執行にかかっていると信じている。つまり、競争をかいくぐり競合他社に勝つために社員がどのような決定を下し、顧客とかかわり、新製品を市場に送り出していくのか、それが成功を左右すると信じている。

したがってこのタイプのＣＥＯは、直接的あるいは定常的に監督しなくとも、賢く迅速に、適切に行動する人材を採用、育成することが、ＣＥＯの最も重要な仕事だと考える。また、こうした人材を開発するには、一貫したシステム、プログラム、政策を策定し、それを通じて文字どおり全社員の価値と行動を、「会社の望む」価値と行動に合わせることだという信念を持っている。調査では、人材型アプローチは、ボックス型アプローチの次に多く見られ、面接したＣＥＯの約二二パーセントが採用していた。

人材型アプローチのＣＥＯはふつう、自分が望むことを直接伝え、指示している。このタイプの

ＣＥＯの出張の日程は国の大臣級で、なんと自分の時間の九〇パーセントはオフィス外で使っている。世界中に三万四〇〇〇人の社員を抱える個人向け消費財メーカー、ジレットのＣＥＯアル・ジーアンは次のように語っている。

「なぜいつも出張ばかりしているのかと、よく人から聞かれる。答は実に簡単だ。私が出張するのは、行く先に社員がいるからだ。たとえばアルゼンチンに出向くのは、わが社のアルゼンチン法人で決定を下している社員に、私が社全体に関する決定を下すのと同じ基準を持っていてもらいたいからだ。私自身が用いる基本原則を、世界各地の社員にも用いてほしいからだ。全社員が同じ目標に向かって進んでいるか、私は自分の目で確かめたい。現地に行ってこそ、こういうことがわかる。だから、出向いていくというわけだ」

人材型アプローチのＣＥＯは、出張先でも、コーポレート・ポリシーのなかでも特定のいくつかの要素を重視する傾向にある。まず第一に採用で、ほかのタイプのＣＥＯに比べて、採用への比重はかなり大きい。たとえば、ペプシコのＣＥＯウェイン・キャロウェーは、同社のトップから数えて六〇〇もの地位のレベルの人材を起用する場合でも、必ず自分でその候補者と面接をしている。キャロウェーは、その理由をこう説明している。

「その人間の勤務地が、パキスタンだろうとフィラデルフィアだろうと関係ない。候補者と話をするんだ。直接会えば、お互いを知ることができ、同じ価値観、目標、基準を持っていることを確認しあえる。

たとえば、私と面接を終えた人間が任地のパキスタンに着いたところ、そこで何か問題が起きたとしよう。その人間は、『それは、自分が聞いていたやり方とは違う。ＣＥＯのキャロウェーに直接会って聞いたんだから間違いない。そのやり方ではだめだ』と言えるだろう」

ほかにも人材型ＣＥＯの多くがそうしているのだが、キャロウェーはときには、もっと低いレベルの人事採用の監督をすることもある。たとえば、カンザス州ウィチタのオフィスにＭＢＡ取得者二名を雇うとなったとき、キャロウェーも判断に加わったことがあるという。

サウスウエスト航空のＣＥＯハーブ・ケレハーも、規模の小さい地方空港の駐機場担当者の選定に自らも参加した。ケレハーは採用について、「それは、出発点だ。川の水源なんだ。水源を汚してしまえば、いずれは下流全体にも汚染が広がる」と語っている。

ケレハーは、自身のリーダーシップへのアプローチを「わが社は、優れた人材を採用しているんだ。そして採用後に、それぞれの職に必要な機能を教育していくのだ」と説明してくれたが、それは、人材型ＣＥＯのもう一つのテーマでもある。

人材型アプローチのＣＥＯは、トレーニング、インセンティブ、キャリア・プランニング、勤続期間拡大のためのプログラムなど、人事管理以外の分野も重視している。たとえば、ジレットのアル・ジーアンは、自ら社員の業績評価を年間八〇〇件も行い、社員が所属部署や勤務国だけでなく、社全体のためにも利益となる行動をとろうという意志を持っているかどうかを見ている。

またジーアンは、研究開発活動を監督することはもちろん、さらに、優秀ではあるが方向性を示してやる必要がある社員を見分けるためにも、事実上、社内のあらゆる部門の製品開発会議に出席している。たとえば、ニュージーランドで勤務しているあるマネジャーを将来有望だと見て、その社員をカリフォルニア州レッドウッドシティに転任させようとしたことがある。そのほうが、本人のキャリアにも会社に有益だと判断してのことだった。

ところが、その社員の上司から、彼は母国ニュージーランド以外には絶対に転任したがらないだろうと聞かされた。そこでジーアンは、自分でニュージーランドに赴いて、直接、その社員の説得にあたったのである。もちろん、その社員はアメリカ赴任を受け入れた。

人材型のCEOはたいてい、人事には似たような対応をしている。イギリスの食品メーカー、ユナイテッド・ビスケッツの場合、一年おきに社員数百人の業績を評価するシステムがあり、CEOのエリック・ニコリがこのシステムを監督している。このシステムが目指すのは、「動機を持ち、熱心で、前向きな」社員を認めて、報い、そうでない社員には再トレーニングを施したり、退社させることである。そうしたCEOの考えを代弁するように、ニコリはこう語る。

「非常に多くの社員やキャリアにきめ細かく注意を払うには、膨大な時間が必要だが、CEOが社内の全部署にはりついていることも、社内のあらゆる出来事に通じていることも不可能なのだから、これが唯一の方法なのだ」

人材型CEOの大半は、会社への誠実さと忠誠といった、「会社の期待する」価値観を示す社員に価値を認めているが、一方で、社員個人への権限委譲も重要だと考えている。そうしたCEOは、会社の許可を得なくても迅速に、自由に行動できる権限を社員に与えることができるし、実際に与えてもいる。ただし、行動する権限を得るのは、すでに会社と同じ行動をとることが身についた社員だけである。そして、有能な人材型ＣＥＯが経営の舵をとる企業では、この種のチームプレーに徹する社員の比率が大きいのである。

九一年にミッドウェイ航空が営業を停止したとき、サウスウエスト航空が何をしたかを考えてみよう。ミッドウェイ航空が営業停止を発表してから数時間以内に、サウスウエスト航空の社員がダラスから飛んで行き、ミッドウェイ航空の社員にかわって、シカゴ空港のミッドウェイ航空の全ゲートに張りついたのだ。ケレハーは当時を回想して、こう語っている。

「私は、社員が出かけたとき、彼らがシカゴに向かっていることさえ知らなかった。私に、そんな連絡をしてはこなかったからだ。そして、あとになって、報告してきたんだ。『私たちは、ちょっとしたことをしたもので、お知らせしておいたほうがいいと思いますので』ってね」

ケレハーが許可を与えないのではないかなどという迷いは、社員にはみじんもなかったという。ケレハーはその理由を、「わが社の社員には、素晴らしい一致があるからだ」と言う。価値の一致、そして、日常の企業戦略の実践において、一致した価値から生まれる行動の一致、これが人材型アプローチの真髄である。

専門知識型アプローチ：知識のチャンピオンになる

我々が面接したCEOのうちの一五パーセント弱が、CEOの第一の役割は競争にかなう専門知識を選び、育て、社内の階層の上から下まで、全事業部門にわたって、これを広めることだと述べている。こう回答したCEOは、自社と競合他社との違いを際立たせ、それによって自社を、持続的優位に導くことのできる特殊能力を創出しなければならないと信じているのである。我々の調査では、プロセスがこの専門知識に相当する場合もあった。

南アフリカの採鉱会社、アングロ・アメリカンのジュリアン・オーグルビー・トンプソン会長は、同社特有の深掘り技術をさらに向上させ、社内に広めることに時間の多くを割いていた。また、アイデアと技術の組み合わせが専門知識である場合もあった。

国際的な広告会社、オーグルビー&メイザーのCEOシャーロット・ビアスがブランドと消費者の関係を重視したリーダーシップをとっているように。コンセプトが専門知識である場合もあった。モトローラでは、他社が太刀打ちできない品質を維持するというCEOの強い決意が、経営中枢の役割を決めるカギになっていた。

それでは、どういうときにCEOは専門知識型アプローチを用いようと決意するのだろうか。それはCEOが熟慮のうえ、入念に開発した能力こそが、自社の競争優位を確保、維持する最も確かな手段となると確信したときである。

ほかのどのタイプのＣＥＯに比べても、専門知識型のＣＥＯは、組織に関する問題に多くの時間を費やしている。日常的に業務執行上の細部に関与することがないからである。そのかわり、自社の能力を強化するコーポレート・ポリシーの形成に重点を置いている。

たとえば採用の場合、ふつう専門知識型のＣＥＯが自ら面接を行うことはない。しかし、専門分野で経験を積んだ人材、あるいは専門知識に専心する意志を持つ人材を引きつけるために、採用プロセスの基盤である採用ポリシーを設計し、監督している。

社内においても同じように、専門技術を開拓し、これを同僚と共有する社員に報いることを目指したインセンティブ・プログラムを設計している。自社のミッションに合わせて、社内の全活動の焦点を設定するコントロール・報告システムを構築してもいる。

このタイプのＣＥＯは、多くの時間を割いて、自らがデータの収集や分析をすることはない。しかし、担当者には情報収集を指示しており、どういった知識や能力を消費者が重要とみなすのか、どの競合他社が最先端に位置するのか、業界のトップ企業となるのに必要なコストはどのくらいかなど、これらを見定めるのに役立つ情報を集めさせている。

専門知識型ＣＥＯは、会社全体を専門分野に集中させ、優先課題が何かというメッセージをはっきりと伝えることに、時間の多くを割いている。モトローラの場合、前のＣＥＯロバート・ガルビンは、ある事業部門の業績に関する会議で、品質に関するデータについて議論が行われたあと、会議の場を退出し、自分が何を同社特有の能力と考えているか、何を最も懸念しているかを、態度で明快に示したことがあった。

しかし、こういうやり方で企業をリードするCEOは、自分が選んだ専門知識を教義として押しつけるだけではなく、専門知識を強化するプログラムやシステムを考案することにも長けている。ヒューストンに本拠を置く、クーパー・インダストリーズの例を見てみよう。

CEOのロバート・シジックは、社内の製造専門職を集めて「SWATチーム」をつくり、このチームに各部署を順々に回らせて、工場現場での業務実施の状況と装置の実態を調査、改善させた。このチームは、実に的を射たやり方で運営されている。チームの報告書は直接、CEOに提出されるうえ、マネジャー・クラスの社員がいまより昇進したいと思うなら、このチームに一年間、参加することが義務づけられている。

またアングロ・アメリカンのオーグルビー・トンプソンは、性別にかかわらず高い技能を持つ社員を集めて幹部グループを組織した。このメンバーは、「コンサルティング・エンジニア」と呼ばれ、同社の世界中の事業部を回り、行った先々でライン・マネジャーとして作業の手本を見せるのである。トンプソンは、コンサルティング・エンジニアのことをこう説明している。

「彼らは、優れた作業方法で稼働しているプレミア社のダイヤモンド鉱山で働く従業員からアイデアをもらう。そして、そのアイデアを、ナミビアやボツワナにあるデビアス社所有の鉱山の現場に移転することができる。しかも、ただで。ほかの従業員に付加価値を与えていくというわけだ」

オーグルビー・トンプソン自身が、社員のなかからコンサルティング・エンジニアを選び、どの現場に派遣するかまで決めることが多い。オーグルビー・トンプソンがこのプログラムを重視しているのは、自社の専門知識を高めようと決意しているからである。

我々の調査では、専門知識型アプローチを採用しているCEOは、五つのタイプのなかで最も人数が少なかった。その理由は、このアプローチを長く維持することはむずかしいからだと考えられる。企業間で、国家間で、情報と人が自由に往来するようになり、専門知識を独占することは以前より困難になった。また、たえまなく変化する市場では、一つの専門知識がいつまでも最新の知識でありつづけることはない。実際、このタイプのCEOはみな、このアプローチのむずかしさを認めている。

クーパー・インダストリーズのロバート・シジックも、同社が今後も競合他社の先を行くには、近いうちに新たな能力を確保する必要があると考えている。シャーロット・ビアスは、オグルビー&メイザーが開拓したマーケティング・テクニックの「ブランド・プリント、ブランド・プローブ」が競合他社に「借用」されることはありうるし、実際に借用されていると語る。しかし、ほかの専門知識型の企業トップと同様に、ビアスは競争し、勝つためにしなければならないことに社全体を集中させるには、専門知識型のリーダーシップが必要だと主張する。

ボックス型アプローチ：正統的なプレッシャーをかける

ベンチャーの雄であるソフトウエア会社から、保守的ということでは最右翼の銀行まで、どんな企業にも一つの「ボックス」、すなわち枠組みを持っている。社員が守るべき手順、財務、文化に関するコントロール手段が詰めこまれたものだ。ＣＥＯはだれもがコントロール手段を設計し、維持することに、そして、そのコントロールとの比較における事業部と社員の業績を評価することに時間を費やしている。ボックス型のリーダーは、まさにこうした作業が自分たちの第一の責務だと考えているのである。

調査では、ボックス型アプローチを採用しているＣＥＯは、銀行のように規制の厳しい産業に属する企業、あるいは、航空会社のように安全が重要視される企業を率いている例が多かった。このタイプのＣＥＯは、自社のビジネス状況は事実上、いっさいのミスが許されないため、厳密なコントロール手段の設計と採用がＣＥＯの最優先課題だという。

ボックス型のＣＥＯは、人材型のＣＥＯときわめて類似しているようだ。どちらのアプローチのＣＥＯも、社員全員がいかなる状況においてもＣＥＯと同じような行動がとれるような組織を構築しようとしていると語る。しかしその際、ボックス型のＣＥＯは、人材開発や価値の明示を手段として使うのではなく、コントロール・システムを採用する。ボックス型のＣＥＯの多くが、「フレームワークを構築すること」と「境界線を明確にすること」がＣＥＯの第一の責務だとしている。言い換えれば、評価できる行動、結果、業績に対する明確なルールと報奨を設定するのである。

ボックス型のＣＥＯは、こうしたコントロール手段を設定したうえで、納期が守られなかった、予想外の損失が出た、ある部門や社員の業績が平均以下だったといった事態の原因を探るなど、つまり、例外的な結果への対処に多くの時間を費やしている。

このタイプのＣＥＯは、社内査定と社外監査、社員評価尺度、厳密なポリシー、財務報告書を利用することが多い。時間の多くを本社ですごし、事業部門の責任を持つマネジャーや、それ以外のコーポレート・チームのメンバーとの会合を持ったり、新しいプログラム案や資源配分要求案を審査したりしている。現場から上がってきた業務実績に関する報告を綿密に調べるほか、さらに追加データを提出するよう求めることも多く、自分が知りえた事柄の問題点を積極的に取り上げ、検討を加えていく。

ボックス型のＣＥＯは、社内、社外にかかわらず、コミュニケーションにも熱心に参加する。ベルギーに本拠を置く国際的投資情報サービス会社、フォーティスのモーリス・リッペン会長は、自身の最も重要な役割を、「会社に、正統的なプレッシャーをかけること」だとして、こうした活動の重要性を指摘する。この言葉は、ボックス型ＣＥＯの真髄をとらえている。

面接したＣＥＯのうち、二〇パーセントが前述したテクニックに相当な時間と注意を注いでおり、こうしたＣＥＯがボックス型アプローチを利用しているリーダーだと考えられる。たとえば、リッペンは、各事業部門の業績を常時モニターするための監査担当者を数百人も置いており、モニター結果をライバル社はもとより、社内の他部門のベンチマークとして利用している。

ＨＳＢＣホールディングズ（旧香港上海銀行）のＣＥＯジョン・ボンドは、自社の情報技術システムの全要素をコントロールするガイドラインを監督している。同行のコンピュータ・ネットワークを管理する少人数の専門家スタッフをロンドンの本社に置いて、ボンドの言葉を借りれば、「素人がいじくり回す」ことのできないシステムを維持させている。さらにボンドは、これ以外にも同行の情報システムをひそかに監視している。ボンドの説明によれば、同社のやり方はこうである。「各国の支店が開発予算、事業予算、機器購入予算に関する技術プランを毎年、立案する。この技術プランは、ここロンドンで末端のパソコン導入にいたるまで詳しく審査する。その結果、たとえばマレーシアのコンピュータ購入プランに対して、インドネシアのコンピュータを回すから購入の必要なしと指示することもある。ロンドンから、世界中の支店間の機器の移動をコントロールすることができるわけだ。非常に子細なコントロールが可能だ。しかし、これは社員たちにあまりよろこばれてはいないがね」

ボックス型ＣＥＯのなかで、このアプローチにマイナスの副作用があることを認めるのは、ボンドだけではない。コントロール・システムは、末端で管理される立場の人間にとっては窮屈になりかねない。しかしボンドは、ほかのボックス型ＣＥＯと同様に、競争のための強力な武器となりうる透明性と予測性が得られる点で、このアプローチは優れているとも語る。

ＨＳＢＣホールディングズは世界六八カ国に三〇〇〇の銀行支店を持っており、ボンドは、「当社のビジネスは信用のうえに成り立っている」と語る。ＨＳＢＣはこのコントロール・システムによって、いつでも、どの国、どの支店でも、窓口行員や貸付担当者が一貫した業務を遂行することができるのである。そして、こうした一貫性が信用を獲得しているのである。「顧客は、当行の一貫した業務のやり方に満足している」と、ボンドは自信を示す。

ボックス型アプローチが最も多く利用されているのは、手順と財務に厳しいコントロールが必要とされる業界に属す企業である。しかし、なかにはもっと文化的な側面でコントロールを採用しているＣＥＯもいた。フランスに本拠を置く国際的な保険会社、ＡＸＡグループの社長クロード・ベベアーがいい例である。

一二カ国、五万人の社員に共通の優先課題、行動、目標を持たせようと考えたベベアーは、標語やシンボルを数多く考案した。たとえば、「ＴＮＴ行動」とか「静止の落とし穴」といった標語である。部門や国に関係なく、全社員に決定を迅速に実施することを求めるときには、「ＴＮＴ行動」という標語を、自分が変化への意欲を失っているなと気づいたら、「静止の落とし穴」という標語を使うよう奨励しているのである。

共通の標語を使う理由をベベアーは、一極集中が崩れている保険・投資情報サービス市場で、競争優位を確保するための武器である知識と技術的アドバイスを自由に率直に交換しあうことに、心を一にする社員を育てるためだという。同社は最近、フランスの古城を社内大学（社員用教育施設）

に改装し、ここで、毎年、何千人もの社員にＡＸＡ語と呼ばれる同社特有の標語を教育している。

ボックス型ＣＥＯのほぼ全員がコントロール・システムを重視している一方で、このアプローチでは取りこぼしてしまうことが多い、会社の規範枠を外れた創造的な行動も、多少だが育てようとしている。バンカメリカの場合、リチャード・ローゼンバーグ会長は、大量の社内ニュースレターに目をとおして、新鮮で革新的なマーケティング・アイデアを探し、その発案者ともども、社内全体に紹介している。

イギリス最大規模の銀行の一つ、ナショナル・ウエストミンスター銀行のＣＥＯデレック・ワンレスは、自らが複数のチームを率い、社員をきわめて機構化された役割から抜け出させ、多様化、新製品、新サービスといった問題に創造力を使わせるための活動を行っている。

ブリティッシュ・エアウェイズ（ＢＡ）のコリン・マーシャル会長は、定期的に空港やＢＡの営業所に出向いて、少人数の社員に会い、会長のいうところの「社員の嘆きに耳を傾け」ている。ときには社員からＢＡの強い中央集権体制に対して不平が出ることは、マーシャル会長も認める。しかし、ＢＡの社員が厳しいコントロールの目的を理解しているのも事実だと、付け加える。

ボックス型のＣＥＯを代表するようにマーシャル会長は、いろいろなリーダーシップへのアプローチのなかでも、ボックス型アプローチは、顧客が望んでいるものを提供するのには最適だと主張する。当然のことだろう。

変革型アプローチ：現状を覆す

いまや、変革の重要性を口にしないＣＥＯではいられないといった感がある。変革はマスコミにも好意的に受け止められているし、株主から社員にいたるまで、事実上あらゆる利害関係者が変革を実施中か、少なくともすぐにも実施するという言葉が聞けるものと期待している。

実際、我々が調査したＣＥＯの大多数が（しかもボックス型アプローチを採用しているＣＥＯさえも）、変革を実施する、変革のチャンピオンになる、変革を監督するという言葉を口にしていた。数はそれより少ないものの、調査したＣＥＯの一五パーセントが、いわゆるチェンジ・エージェントに分類された。チェンジ・エージェントたるＣＥＯは、自社の根本基盤までも含め、徹底したオーバーホールを施すことが、自らの最大の役割だと語っている。

戦略型アプローチのＣＥＯと違って、変革型のＣＥＯは、会社がどう変化するかではなく、どうやって変化するかに重点を置いている。このタイプのＣＥＯは、つねに疑問を投げかけ、リスク・テーキングをいとわない企業、ビジネス習慣と製品を頻繁に改善していく環境を開拓しようとしている。このタイプのＣＥＯによると、変革とは、たえず並外れた業績をあげるための最善の手段なのである。調査で変革型に分類されたＣＥＯは、いずれも業績が好調なトップ企業のリーダーだったことは特筆すべきだろう。それでもなお、ＣＥＯたちは、ビジネスのやり方が、がんじがらめに固定されれば、いつか、自社がトップの座から転落することになると確信している。

このタイプのCEOは、たえまなく再生が行われる環境をつくることが、自らの仕事だと考えている。実は、我々が変革型アプローチの企業トップと話をするなかで、共通のテーマがたびたび登場した。このタイプのCEOは、たんに組織を向上させることではなく、あいまいさや先行きの不透明さ、大きな変動を果敢に飲み込んでいく組織の構築を目標にしているというのだ。

変革型アプローチのCEOは、ほかのタイプのCEOと違って、財務や手順のコントロール、報告書、計画立案サイクル、ガイドラインといったことには、むしろ無関心だった。自らが変革のチャンピオンとなり、周囲にもそれを奨励するため（あるいは、少なくとも変革に耐えることを教えるため）、社員や顧客、サプライヤー、株主との会議に日々の時間を多く費やしている。このタイプのCEOにとって、変革の対象にならない人間などはいない。変革型CEOは、ラインの作業員と話をするために工場をおとずれ、会社主催のピクニックに参加し、毎日、電子メールやボイスメールに返事を出している。

変革型CEOは、企業ポリシーのあらゆる分野をほぼ同等に重視している。しかし、なかでも特別の注意が払われる分野があるとしたら、それはおそらく報奨だろう。新しいもの、予期しなかったものに対して、ほとんどの人が示す反感を抑えるのに最も有効な手段が報酬と昇進だからだ。実際、多くの変革型CEOがCEOになって最初に行うのは、社内の業績評価・報酬システムの改革である。たとえば、採用担当マネジャーが型にはまらない人材、リスク・テーキングを進んで行う人材を採用するよう求められ、それに従えば、特別賞与が与えられる。また、研究開発部門のエンジニアや研究者には、製品応用の工夫ではなく、画期的製品の開発に対して報奨が与えられる。

投資銀行のゴールドマンサックスの元マネージング・パートナー、スティーブン・フリードマンは、同行が変革推進のために行った褒奨制度の再編成を例に語ってくれた。同行の経営陣が、競争力維持のためには世界展開が必要だと判断したとき、進んで海外事務所に赴こうという社員は皆無に等しかった。フリードマンは当時をこう回想する。

「ゴールドマンサックスのアメリカ人社員は、海外赴任がキャリア開発に価値あるものとは考えなかった。家族も必ずしも海外に住みたがらなかったし、ペットの犬だって東京の生活に耐えられそうにないというわけだ。そこで私は、ある優秀な若手行員を同クラスの行員より二年早くパートナーに抜擢した。その行員がプライベートな生活を犠牲にしてまで、アジアに赴任したからだ」

フリードマンは、チェンジ・エージェントの重要なテクニックの一つ、すなわちコンセンサス・ビルディングの方法についても、ゴールドマンサックスでの経験を例に語っている。変革は、組織のメンバーをひどく混乱させかねないものである。それゆえチェンジ・エージェントの役割は、まるで荒地に新しいアイデアを植えるようなものになる。

フリードマンが八〇年代初期にチェンジ・エージェントとして最初にとった行動は、投資銀行部門に戦略立案委員会を設置することだった。「シニア・マネジメントより下層レベルの、頭脳明断で因襲にとらわれない若手の人材を委員にした。こういう人材には、現状を守らなければならないしがらみがないからだ」と、フリードマンは説明する。

この委員会のメンバーから、ゴールドマンサックスはジャンク・ボンドのビジネスにも進出すべきだとの提案が出た。フリードマンはその意見に同意したが、保守精神に、凝り固まった砦のような状態の同行内では、フリードマン個人の熱意だけでことが進まないのはわかっていた。そこで、行内で最も優秀かつ細心だと認められており、経験も豊かなパートナーに、ジャンク・ボンドのビジネスに進出すべきか、するならどういう方法がいいかを調査してもらった。

「そのパートナーも我々と同じ結論にいたったが、さらに十分な裏づけを行い、一部、改善点も付け加えたうえでの結論だった。我々は、そのパートナーの賛成と支持を得たわけだ。それが、行内主流派の賛成につながった」

変革型CEOは、コンセンサス・ビルディングのほかに、それに多少矛盾する手段を併用することが多い。トップ・マネジメントが新しいビジネスのやり方を強く支持していることを、ときどき効果的に表明するのである。

テネコのCEO、デイナ・ミードは、同社の事業部門にほとんど実現不可能とも思われる財務目標を立て、それを実際に予算に盛り込んだ。そして、テネコの五つの小会社のCEOに、目標と実績との対比を毎月、公開の場で報告するよう求めた。「これが、強いプレッシャーとなり、結局、効果があった」と、ミードは語る。

ほかの変革型トップと同じく、ミードは、社員とのコミュニケーションに社内ニュースレターを活用した。また多くの変革媒介者が、毎月あるいは四半期ごとに、革新的な製品やプログラムを考案した社内部門を紹介するビデオをつくって、誉めたたえる方法をとった。

変革型CEOは、迅速に変革を実現しなければ経営幹部をクビにする、同じ理由で部門全体を廃止するなど、自らの行動もコミュニケーション材料にしている。W・R・グレースの元CEO、J・P・ボルドウックは、自分の構想する「再生」新グレースにそぐわないことを理由に、同社で最高水準の業績を上げていたベルギーのマットレス用布製造子会社を売却したときのことを回想して語っている。

売却の動きは、同社の「文化に激震を起こした。だれも、我々のやろうとしていることを信用していなかった。だから、堅固な壁に風穴を開けなければならなかったのだ」というのだ。この種の行動は、変革媒介者のコンセンサス・ビルディングの精神に反するように映るが、どちらも変革型アプローチの基本である。

変革型CEOは、変革を重視する組織以外では、歓迎されざる人材を求めることに熱心である。デイナ・ミードがいうように、このタイプのCEOは、「強情っぱりでトラブルメーカー、反抗的な人間」を大事にする傾向がある。ミードも認めるが、こういう人間は、会議がスムーズに進まない原因になりかねない。しかし、この種の人間が投げかける疑問や提案するプランが大規模な変革に結びつくことが往々にしてある。ミードは、CEOに就任してすぐに採用した社員を例に挙げてこう語っている。

その人物は、難民としてアメリカにやってきて、働きながらスタンフォード大学を卒業して、ホワイトハウスの職員になった。「非常に積極的で優秀な男だが、ことを荒立てたり、人の気持ちを害するところがあった」ため、ミードは一度ならず、その社員の直属の上司をなだめなければならなかったという。しかし、ミードは、「その男は、まさにわが社に必要なタイプだった。結局、彼は非常におもしろいプロジェクトを実行し、成果をあげた」と付け加えた。

当然ながら我々の調査でも、変革型のCEOはおそらく、五つのリーダーシップ・アプローチのなかでも、最も過酷で困難な役割を果たしているのだろうという結果が出た。変革には、論争と不快感と抵抗がつきものである。このつらい現実には、調査しただれもが触れていた。変革型アプローチを実施するには、CEOは、もっと時間をかけたい、社員に余裕を与えたいという自然な欲求を抑えてあたらなければならなかったとも述べている。つまり変革型アプローチは、ときに、持ち前の性格とは違うリーダーシップをCEOに要求するのである。

変革型CEOを代表するようにスティーブン・フリードマンは、変革型アプローチはマネジメント・スタイルというより天職だと語る。そして、「もちろん、変革のための変革は無意味だ。しかし、CEOが建設的な戦略の変革に努めなければ、その会社は必ず衰退する。ライバル会社に追い抜かれ、顧客は離れていくだろう。変革を避けるようなアプローチでいくのなら、最初から企業のトップになんかなるべきではない」と言いきる。

リーダーシップを知るための枠組み

最近開催された「二〇〇一年のビジネスに関するフォーラム」で我々は、今回の調査で、CEOはもはや時代遅れになりつつあるという結論が出たのではないかと、たずねられた。多くの企業で、かつてはトップ・マネジメントの独占的権利だった意思決定が、各事業部門で行われるようになってきた。さらに、CEOの仕事なんてまだあるのか、という質問も投げかけられた。では、どうすれば、CEOは今後も価値を付加できるのだろうか。

CEOにはいまでもビジネスに果たすべき役割がある。これが我々の答である。それは、リーダーシップという役割である。しかしそれは、強烈でカリスマ的な性格から発せられるリーダーシップではない。そんな性格は生来のもので、努力してもつくりだすことはできない。なかには軍隊を鼓舞し、攻撃を指揮する才能を持って生まれてきた人もいるが、ビジネス界のリーダーには、それよりも、会社の目的と方向を明確に示すことが求められる。その方向に沿って、社内の全システムを長期間の維持が可能な体制に整え、共通の目標を目指そうとする決意を社内にみなぎらせていかなければならない。我々の調査が示した五つのアプローチは、CEOが明確さ、一貫性、決意を会社全体にいきわたらせるために採用する手段なのである。

調査中我々は、繁栄中の企業にも、深刻な危機に瀕している企業にも遭遇した。CEOのリーダーシップへのアプローチは、いったいどういう役割を果たすのだろうか。ビジネスの状況に即応する、入念に練られたアプローチが成功をもたらすのか。この根本的疑問については、まだ分析中である。両者には深い関係があると思われるが、いまのところ、直接の相互関係は実証できない。

これまでのところの結論は、我々が調査をはじめる前の予測とは違っている。なかには、ただだリードしないことに努めているようなCEOもいた。五つのリーダーシップ・アプローチを少しずつ同時に用いているがために、企業としての焦点をぼやけさせ、能力も損なってしまうCEOもいた。日々の予定に流され、発生する危機に対応することだけに時間を費やしているCEOもいた。生来の資質に従って行動し、楽しく、簡単なことばかり実行しているCEOもいた。

こういうリーダーシップは、うまくいってもやがては混乱を生じる。悪ければ、会社を間違った方向に導いてしまうか、暴走させてしまうだろう。いずれにしても、そんなCEOには失敗者の烙印が押されるだろう。明確な意図のないままに会社をリードするなど、トップとしてあまりにも危険な賭けである。

この調査の五つのアプローチだけが、成功のカギとなるわけでもなく、CEOならだれもがこのうちの一つを採用できるわけでもない。そんな単純な分析では及ばないほど、ビジネスは複雑である。しかし、この五つのアプローチは、CEOが実地で学びながら、その無限の役割に内容と意味をどう付与していくのかを知る枠組みになるのは間違いない。

Column

CEOの個性はどう関係するのか

「リーダーシップというのは、個性ではないのですか」

我々の調査や五つのリーダーシップ・アプローチに関して話をすると、よく、こういう質問が寄せられた。ほかにも、リーダーシップとは、生まれつきの資質の場合もあるし、そうでない場合もある、という意見も耳にした。

リーダーシップは遺伝的な特性である、リーダーシップへのアプローチは個性の発露でしかない、という二つの考え方は間違っていると思う。実際、個性は優れたリーダーシップの一要素ではあるが、決定的な要素ではないことを、我々は今回の調査から知ることができた。

成功している企業では、CEOはビジネスの状況を精査し、会社がリーダーに求めているものを見定め、こうした必要条件に最適のリーダーシップ・アプローチを選択していた。そのアプローチがCEOの個性に符合する場合もあるが、そうでない例もあった。我々の調査では、企業を効果的に経営するため、非常に優秀なリーダーは、むしろ個性の一部を押し殺したり、生来備わっていなかった個性を開発したりしていることがわかった。

バンカメリカのリチャード・ローゼンバーグの例をとってみよう。本人も認め、我々からもそう見えるが、ローゼンバーグはリーダーシップにボックス型アプローチを採用している。規制の厳しい産業でバンカメリカを経営するのだから、そうせざるをえなかったと、ローゼンバーグはいっている。

しかしローゼンバーグは、いかにもボックス型アプローチを採用しそうなタイプではなく、実際は堅苦しいところがなく、愛想のよい社交的な人物である。

テネコのCEOデイナ・ミードはどうだろうか。九二年初頭に、年商三〇億ドルのコングロマリットのトップの座に就いたとき、ミードには、同社は正しい方向に進んでいるように見えた。ところがすぐに、テネコがまったく見当違いの方向に進んでいることがわかった。根本からのオーバーホールをしなければ、テネコは二一世紀に生き残れない、そうミードは思った。

ミードの基本戦略は「変革」だった。そしてミードは、文字どおり、変革型アプローチのありとあらゆるテクニックを採用した。新しいポリシーと手順を導入し、新しい文化を築き、一部の業務を廃止し、新しいビジネスのやり方を受け入れようとしない、あるいは受け入れられない社員をクビにし、世界中に散らばるテネコの社員に変革の教義を説いて歩いた。

ところがミードは、穏やかな口調で話す、どちらかというと物静かな人物である。テネコに移る前のインターナショナル・ペーパーのCEO時代、ミードは持ち前の性格に合った人材型リーダーだった。しかし、テネコのビジネス状況が必要としたのは、ミード自身の個性とは異なるアプローチだった。そこでミードは、これに果敢に挑戦したのである。これこそ、優れたリーダーシップではないだろうか。

CEOの持ち前の性格と、採用したリーダーシップ・アプローチがぴったり符合するケースもあったが、これも驚くことではない。サウスウエスト航空のCEO、ハーブ・ケレハーは、おそらく、人材型アプローチ以外のリーダーを必要とする企業では働けないだろう。ゴールドマンサックスのスティーブン・フリードマンは、どんな会社に行っても変革を強力に推し進めようとするだろう。

　このような、リーダーの個性とリーダーシップの一致は、どう説明がつくのだろう。二種類のシナリオが考えられる。

　第一のシナリオは、偶然が運よく働いたというものである。CEOがビジネス状況を判断し、必要だと思われるリーダーシップ・アプローチを選択する。それが、たまたまCEO個人のスタイルと同じだったというシナリオである。

　第二のシナリオのほうが現実に即しているように思われる。その内容はこうである。社内の個人やグループが、ある人物がその会社に必要な資質を備えていると判断して、CEOに起用するというものである。たとえば取締役会が、その会社には強力な戦略的方向性が必要だと判断したとする。ならば、どういうタイプのCEOを探すだろうか。社員個々に進むべき道を示し、権限を委譲することに時間をかけるCEOではない。データの意味を探ろうとする人物、市場の現状を分析し、将来を予測する能力を持っていることがすでに証明されている人物、現在から未来にいたる道筋をつけることのできる人物である。

　取締役会は、すでに戦略の雄として知られる人物をリーダー候補に選ぶだろう。選ばれたCEOは、すでに成果をあげているのだから、移った先の企業でもそれまでどおり、戦略型アプローチを採用するだろうし、その職に「うってつけ」の人物と周囲からも認められるのである。

　リーダーシップ遺伝子の存在が科学的に証明されるまで、リーダーシップと個性との関連についての議論がやむことはないだろう。ただし、そんなことが証明されれば、政界はいうまでもなく、ビジネス界にも相当な影響が出るだろう。

たとえ、リーダーシップが生来の資質ではなく、後天的に育まれるものであることが科学的に証明されたとしても、企業を成功に導くのは、パットン将軍のような、昔ながらのタイプのリーダーだけだと考える人がいなくなることはないだろう。我々の調査でわかったのは、リーダーシップとはもっと複雑なものであり、リーダーの内面的な資質よりは、むしろ、周囲の環境や状況といった外的要因が決定していくものだということである。

第6章

マネジメントの人間的側面

The Human Side of Management

トーマス・ティール
Thomas Teal

トーマス・ティール　Thomas Teal
ボストン・コンサルティング・グループのシニア・エディター。ハーバード・ビジネス・レビューの元エディター。カーター元大統領のもとでスピーチ原稿を書く事務所のマネジング・エディター、コメディアンのレニー・ブルースの秘書なども務めた。

【論文初出データ】
The Human Side of Management（HBR, 1996年11-12月号）
DHBでは未訳

優れたマネジャー像とは

トラブルに見舞われている会社をよく見てみると、その問題のほとんどがマネジメントにある。そして、従業員に自分の仕事について質問すると、彼らはマネジメントに対しての不平を述べるだろう。大企業を研究してみると、改革やイノベーション、新しいアイデアの最大の障害になっているものが、往々にしてマネジメントにあることを発見する。

あなたの創造性を押さえこみ、あなた自身のキャリアの足を引っ張っている項目を書き出し、リストをつくり、あなたの組織の成功を阻んでいる主な要因をまとめてみよう。あなた自身がこれまでに見てきたチャンスの取り逃しや失敗したプロジェクトに、責任を負っている個人名を挙げてみるといい。マネジャーは、それらすべてのリストのトップになっているはずだ。

マネジャーが一人もいない、完全にフラットな組織のほうがずっと楽だ、と考えている人のいるところには、できの悪いマネジメントが数多く存在するものだ。多くの人々が、ボスより自分のほうが仕事をもっとうまくこなせると確信しながら、現場ではできるだけ楽な仕事を選んで責任を回避している。マネジメントは一見したところ簡単そうに見える。そして我々は、ぱっとしない業績を次から次へと目撃しているため、ほかの人たちが繰り返し失敗している部分であっても、自分なら必ず成功すると信じて疑わないのである。

なかには優秀なマネジャーになる者もいるだろう。なぜなら、我々の多くがいつかはそれに挑戦する機会を手に入れるからだ。マネジメントは不要だという主張には、科学的管理法の原理が生産性を合理化し、富を民主化し、科学を商業化し、平均寿命を倍にする前の世界がどんなものだったのかを考えてもらえばいい。素晴らしいマネジメントは、奇跡的な働きをするのである。

それでも問題になるのは、月並みなマネジメントが標準になっているという事実である。これは、一部の人たちはマネジメントの遺伝子を持たずに生まれたということでも、不適切な人間が昇進するとか、マネジメント・システムが操作可能だということでもない。もっとも、こういったことも始終あることではあるのだが。

圧倒的多数を誇る最も一般的な説明は、もっと単純だ。有能なマネジメントは並外れてむずかしいため、どんなにがんばっても、それをうまくやれる人は少ない、ということだ。我々が不平不満を抱いている、さえないマネジャーの多くは、それなりに最善をつくしているのである。

ある様式であれ、別の様式であれ、マネジメントは世界で最も一般的な仕事になっている。にもかかわらず我々は、満たすことがほぼ不可能な要求をマネジャーに求めようとする。

まず、マネジャーにいわゆる従来のマネジメントに必要な、一連のスキルの習得を要求する。すなわち、財務やコスト管理、資源分配、商品開発、マーケティング、製造、テクノロジー、その他いくつもの分野におけるスキルである。戦略や説得、交渉、文書の書き方、話し方、聞き方といったマネジメント技術についてもマスターするよう要求する。さらに、組織の成功に責任を持ち、多くの利益を生み出し、それを寛大な精神で分けあうよう要求する。

また、リーダーシップやインテグリティ(誠実、高潔)など、人間的な資質を求める。それはたとえば、洞察力や不屈の精神、情熱、感性、献身、見識、知性、倫理基準、カリスマ、運、勇気、粘り強さ、ときには謙虚さといったことまでを意味する。最後に我々はマネジャーに、友人であり、指導者であり、保護者であることを求め、我々の最大の利益につねに目配りすることを要求する。

この一般的な職業を十分に実践することは、聖ペテロとピョートル大帝と偉大なる魔術師フーディーニのスキルを日常的に披露することを求めるようなものだ。どうりで、ほとんどのマネジャーがいつも一生懸命に仕事をしていないように見えるわけである。

それでもなおマネジャー全員が、一生懸命に仕事をしていないわけではない。さえないマネジャーはいたるところに存在するが、また逆に、ほぼすべての人がそのキャリアの過程で、数少ない模範的なマネジャーに遭遇するのである。

これらの人々は二つのカテゴリーに分かれる。一つは、優秀な、あるいは非常に優秀なマネジャーたちだ。しかし、そういうマネジャーはまずいない。なぜなら、彼らは超人的要求に、実際に十分に応えられる人たちだからだ。もう一つのグループは、素晴らしいマネジャーである。ここには、我々がいつもこだわっているスキルや徳、そしておそらくはその業務分掌が必要とする能力に著しく欠けているにもかかわらず、素晴らしいマネジャーと呼べるボスも含まれる。

この後者のカテゴリーである素晴らしいマネジャーたちを、注意深く研究する必要がある。なぜなら彼らは、数が少ないにもかかわらず、周囲の人々の生活において、信じられないほど大きな影響力を及ぼしているからである。

素晴らしいマネジメントがめったに生まれない理由の一つは、マネジャーの教育と訓練において、あまりにも技術的熟練に集中し、人格面にあまりにも注意を払わないからだ。今日、統計やデータ分析、生産性、財務管理、サービス提供といったマネジメントの科学はほぼ当然のことなっている。これらのテーマについては、たしかに指導は可能だ。

しかし素晴らしいマネジャーのようにふるまうこと、すなわち、教えることのできない資質である勇気やインテグリティといった能力を人に授ける段になると、我々はまだ暗黒の時代にいるようなものだ。おそらく結果的には、マネジメントにおける人間的要素の重要性を軽視する傾向をいつのまにか培ってしまったのだ。

マネジャーは他人の幸せに責任を負っていない。職場は保育園ではない。我々はいつもそれを気にかけるために、市場シェアや成長、利益を手に入れたのだ。そして権力は、その関係性を排除するには、あまりにも便利すぎ、また愉快すぎる。我々は、羽を広げるために巣を手に入れたのである。しかし、素晴らしいマネジャーになる人だけが、マネジメントはたんなる機械的な仕事の連続ではなく、一連の人間の相互作用であることをよく理解しているのである。

素晴らしいマネジャーのイマジネーション

本誌での七年間、私は幸運にも、驚くべき多くの素晴らしいマネジャーに出会うことができた。「ファースト・パーソン」と呼ばれるコーナーの編集者として、彼らがどんな問題に直面し、それをどのように分析し、そして取り組んだのかについて、失敗談を含め、話を聞くことができた。それらの話のすべてがハッピー・エンドだったわけではないが、ほとんどが一流のマネジメント達成がいかにむずかしいことであるかを示していた。

彼らはほかのことも教えてくれた。すなわち、マネジメントはこのうえなく人間的活動なのだということである。そのことは、我々がマネジャーに課す途方もない要求のなかで、人格が学歴以上のものを意味しているという事実を説明している。我々は、コンピュータやマーケティングのことは詳しくなくても、人間的に素晴らしいマネジャーを愛し、彼らのためならと一生懸命働くかもしれない。しかし、技術能力が高くても、けちで意地悪なマネジャーは嫌われ、拒否される。

前述した、要求の長いリストを眺めてみるといい。取得可能なスキルから、重要な徳へと上昇するにつれ、リストのそれぞれのアイテムが少なくなり、重要なものになってくる。たとえば、勇気と粘り強さがなければ、素晴らしいマネジャーになることはできない。

素晴らしいマネジャーにはイマジネーションが必要である。会社のビジョンや戦略がその会社の商品を差別化し、競争上の優位性をつくりだすことであるなら、それらはオリジナルなものでなければならない。オリジナルであるということは、非伝統的でなければならないということである。また往々にして、直感に反することでもある。さまざまな人たちの要素を、統一された、しかし全体としてユニークなものへと統合する工夫と機転が必要である。それは、統一力のあるイマジネーションと呼ばれるもので、一般的には詩人にだけ備わったものだが、ローゼンブルース家にはそれがあった。

ハル・ローゼンブルースの祖父マーカスが、一八九二年にフィラデルフィアで旅行事業をはじめたとき、自分をたんなる旅行代理店の一人とは考えていなかった。仕事の領域を旅行チケット販売に限定していた競争相手と異なり、マーカスは、自分は移民事業に従事しているのだと考えた。貧しいヨーロッパ人から五〇ドル受け取り、蒸気船のチケット、エリス島での入国手続きの手配、フィラデルフィアまでの交通を提供した。しかし、それで終わりではなかった。

移民は通常、個人ではなく家族単位で行われるため、マーカスは移民のためのある種の銀行にもなった。自分が世話をした移民が落ち着き、仕事につくと、彼らの貯金を一度に五セント、一〇セントずつ徴収して、家族の二番目、三番目のメンバーを呼び寄せるための資金を貯めさせ、一族全員が無事にアメリカに落ち着くまでつづけさせた。オープンしたその日から、ローゼンブルース・トラベルは、イマジネーションによる競争上の優位性を勝ちえていたのである。

数年後、移民の数が減り、旅行業か銀行業かいずれかの免許の放棄が迫られたとき、ローゼンブルース・トラベルは、レジャー旅行業に転向した。そして九〇年後の一九七〇年代終わり、ハル・ローゼンブルースがこの事業を受け継ぎ、その事業内容を再構築した。規制緩和が秩序と安定性に欠けた混乱を生みだしている時期だった。新しい航空会社、スケジュール、運賃が混乱するなかで、一つの区間に複数の運賃が林立し、そのすべてが事前通知なしに変更される状況だった。

客は本当の運賃がいくらなのかを知ろうと腹をたて、旅行代理店はこの混乱に対処できず、めちゃめちゃな状態だった。しかしハルは、これを大きなチャンスと考えた。彼は、ここで求められる解決策は、もう一つの最新のイノベーションであるコンピュータにあると考えたからだ。

彼は、各航空会社の電子予約ネットワーク(当事、航空会社はアクセス料を請求していた)と契約し、自分のコンピュータ・システムにすべての航空運賃を統合した。そのために事業拠点を整備し、情熱とインセンティブを活用して、顧客の利益を最優先する従業員教育に熱心に取り組み、新しいチームワークの精神を醸成した。そして、顧客には各ルートの一番安い航空運賃を保証し、多くの企業と取引先契約を拡大していった。

しかし「我々の最大の競争優位性は、規制緩和がルールを変えたため、我々はもはや旅行業界にいるのではなく、情報産業のなかにいるのだという認識を得たことにあったと思う」とハルは語っている。ローゼンブルース家の想像力は、一〇〇年近くの間に四世代に受け継がれても、生きつづけていたのである。

素晴らしいマネジャーのインテグリティ

素晴らしいマネジャーのもう一つの特質は、インテグリティである。すべてのマネジャーは、自分は誠実に行動していると信じている。しかし実際には、そのインテグリティについて多くのマネジャーが誤った認識をしているのである。インテグリティを秘密主義、あるいは従属的な忠誠心と考えている者がいるのだ。また、たとえ間違っていることに気づいていても、頑なに最初の方針を守りつづけることだと信じている者もいる。ある者は自由裁量と混同し、ある者はその反対の単刀直入であること、あるいは単純に嘘をつかないことだと思いこんでいる。

マネジメントにおけるインテグリティとは、そうしたことよりはるかに意欲的なものであり、またむずかしいものである。それはもちろん、責任を持つということであり、つねに明確にコミュニケーションをはかることであり、正直な仲介者になることであり、約束を守ることであり、自分自身を知ることであり、相手に勝つこと、危険を避けることでもある。これらは、かつて名誉と呼んだものと近いもので、自分に対して嘘をつかないこともそこに含まれる。

ジョンソン・エンド・ジョンソンがタイレノール中毒事件による危機をどう処理したか、プロクター・アンド・ギャンブルが、証明されてはいなかったのだが、深刻な健康への影響が懸念された新製品のリライ・タンポンの販売を停止したときのことを考えてみよう。これらのケースを、ジョンズ・マンビィル（以下マンビィル）が引き起こしたアスベスト大惨事への対処法と比べてみよう。

三〇年以上マンビィルでマネジャーを務めていたビル・セルズは、自ら「二〇世紀における、とんでもない企業大失態の一つ」と呼ぶ大事件に直面した。この大失態は、同社のアスベスト製造や販売によるものではない。同社は、死にいたることもある危険な化学薬品や爆発物を、長い間製造してきた。セルズによれば、何千人もの人々を死に追いやり、一つの産業をだめにした大失態は、自らを欺くことによってもたらされたものだった。

その、かなりのダメージが生じはじめた一九四〇年代、マンビィルのあらゆるレベルのマネジャーは、入手可能だったにもかかわらず、その証拠を認めようとはしなかった。彼らは否定することにかけては「能力」があった、古くからの危険性と、新たな危険性に関する証拠がどんどん増えているにもかかわらず、次の数十年間もそのまま放置しつづけてきた。

同社は、昔の銀行家と同じメンタリティを培っていた。事実の受け入れを拒否し、顧客と従業員はリスクを承知のうえでアスベストを使用しているのだと事実を歪曲し、会社が一〇〇年間も頭を砂の中に隠しつづけることに成功してきたため、改善の必要性を頭から否定してきたのである。マンビィルは医療リサーチには、ほとんど投資してこなかった。すでに知っていることさえ、伝える努力を怠ってきた。

アスベストが生じさせるであろうダメージについて責任をとることも、事前の策を講じることもしなかった。ものづくりに関係のない投資は、会社の成功になんら寄与しないという考え方にとらわれていた同社は、すでに設けていた数少ない安全策をでためめに行っただけだった。それは労働者の健康に悲劇的な結果をもたらし、メインテナンス・コスト、生産性、そして利益に明らかにマイナスの影響をもたらした。一度、セルズがボスに異議を唱えると、ボスは、「ビル、お前には忠誠心はないのか」と言われた。それに対してセルズは、「いいえ、違います。あなたが間違っているのです。忠誠心があるのは私のほうです」と言い返した。

この会社で働きはじめて八年後の六八年、セルズは問題を抱えているイリノイ州のアスベスト工場の長に昇格した。そこでの彼の仕事は、工場の収益性、生産性、安全性を維持するという、ともすれば矛盾する課題を両立させることだった。次の一年半で彼は、労働関係、生産性、廃棄物の軽減、収益性、健康、安全性など、これらはすべて同じ問題の側面、すなわち事業のインテグリティにあることが少しずつ呑みこめてきた。そこで工場内のほぼすべての安全装置を交換、または再建するため五〇万ドルのプログラムを導入した。

しかし七〇年代初めには、その対策では間に合わず、残念ながらアスベスト、あるいはその犠牲者を救うことができなかった。しかしセルズは、同社のファイバーグラス部門を率いるようになった八〇年代、自分の考えを実践に移した。なによりもまず中立的な立場での研究に資金を投じ、商品の潜在的な危険性と健康上のリスクについて同社が知りえたすべての情報について、電話やファックス、手紙、記者発表、ビデオテープ、テレビ中継、書面などあらゆる手段を使って、できるだけ速く、完全な開示を行った。そして、専門会社にその結果を理解させるため、何一つ不明瞭な点のない取り組みをつづけた。

もちろん、事業におけるインテグリティは、企業活動による結果をそのまますべて受け入れることを意味するが、しかし素晴らしいマネジャーには、個人的にも責任を負うことを意味する。セルズの不忠を非難したボスは、不愉快な事実や反対意見を耳にしたくなかったのである。しかし、セルズが部門を引き継いだとき、彼は自らを批判と議論の場にさらしたのである。これはマネジャーにとって勇気のいる、ストレスの多い仕事だった。その一部は、組織とモラルという二つの主人に仕えなければならないことにも起因する。そして、それを行うことに対し、さらにはそれをうまくやることに対し、どこからも支援が得られる可能性がないことにも起因する。素晴らしいマネジャーであることへの見返りは、ささいなものなのである。

責務に忠実なマネジャーとレイオフ

八〇年代初め、ウィリアム・ピースは、ウェスチングハウスの合成燃料部長を務めていた。比較的小さな部門で、原油価格の値下がりもあって、よほど魅力的な事業にしないかぎり、やがて整理は避けられない事態に直面していた。彼はコスト削減の一環として、この部門の一三〇の作業を廃止することを決意していた。顧客はこれらの工程をさほど重要視しないだろうと判断したからだ。そして、このような状況下では、それらに従事してきた、ときには素晴らしい業績を上げてきた従業員をレイオフする以外に選択肢はなかった。

ピースと各業務の責任者たちは、長く、ときには感情的になった会議で、一五人の整理リストを作成した。それが終わるとシニア・マネジャーたちは、この悪いニュースを伝えにいくために立ち上がろうとしたが、ピースはそれを止めた。これは、自分が知らせなければならないと思ったのだ。なぜなら、今後もレイオフの嵐が吹き荒れると従業員に思ってほしくなかったのと、これは、一人ひとりと直接顔を合わせて説明すべきことだと考えたからだった。

次の朝、一五人の無実の犠牲者との会議は、まるで葬式のようだった。人前をはばからず大声で泣きだす者も、意気消沈してじっと床を見つめる者もいた。ピースは、自分なりの理由を説明し、レイオフはあくまでも業務縮小をベースにしたものであり、個人の業績評価によるものではないと強調した。そして一五人の犠牲者に、この部門と残りの仕事を救済するためには、何人かの従業員を犠牲にする以外に方法がなかったということを理解してくれと頭を下げた。

彼らは反発し、嘆願し、ピースの自分たちへの心なさをなじった。ピースは同情し、彼らの非難や不満、そして怒りをただ受け止め、またすべての質問に対して率直に、丁寧に答えるべく全力を傾けた。徐々に怒りは静まり、ムードは落胆からあきらめ、さらには、わだかまりを抱えながらも理解へと、そして今後の販売見通しと利益予測へと変わっていった。

ピースはそのときのことを、それまで経験したことのない心の痛む会議だったと振り返る。ピースが彼らと握手を交わし、幸運を祈ったときには、犠牲となる子羊を選択するしかなかったのだということを理解してもらえただろうと感じ、そして信じた。

数カ月後ピースは、このときの悲劇がその後の一五人にどんな結果をもたらしたかを知ることになった。この部門の買い手が見つかり、ピースはその部門の長にとどまることになった。新しいオーナーは、この事業に再び投資を決意していた。ピースは突然、自分が一度解雇した従業員を再雇用する立場に立たされた。そして彼らに、ぜひ戻ってきてほしいと申し出たとき、一人の例外もなく、全員が彼のもとで働くために戻ってきたのである。なかには、ほかですでに仕事についていたのに、それを辞めてまで戻ってきた者もいた。

これはモラルと人道的良心の呵責についての物語である。しかしながら、同じように、これは逆境にあっても自分の責務を忠実に成し遂げるマネジャーと、最終的には、忠実で熟練した従業員の復帰を導いた、少しの勇気についての物語なのである。

権限の委譲と責任の共有

素晴らしいマネジメントには、ウェスチングハウスでピースが自分の部下に見せたような、ある種の尊敬が含まれているべきである。またそこには、権限の委譲も含まれていなければならない。人々が称賛するマネジャーは、つねに権限を委譲し、自分には力があり、有能なのだと部下に感じさせ、彼らから創造性と、その行動を根底から変革していく責任感を引き出す人間である。

リカルド・セムラーは八〇年に、自分たち一族が経営するブラジル・サンパウロにあるセムコを引き継いだ。この会社は五つの工場を有し、海洋ポンプや業務用皿洗い機、風船ガムからロケット燃料にいたるまで、なんでも組み合わせる装置などを製造していた。しかしその生産性は低く、新規契約はあまりなく、経営が悪化していた。

また一方で、社内規則や階級制などでも問題が山積していて、社内には不信感が渦巻いていた。たとえば、出張規定は複雑で、ホテルの宿泊費に関する厳しい上限があって、自宅への電話は何分以内などと決められていて、その他細々した点まで面倒な手続きが必要だった。工場労働者は、毎日盗難防止の安全チェックを受けさせられ、トイレへ行くにも許可を必要とするなど、従業員は、まるで監視されながら働かされていた。

セムラーはこの旧態依然とした慣習を一掃し、改善した。彼は階層を三レベルに減らし、社内の諸規定を廃止し、彼のいうところの常識的なルールに改めた。そして、同僚どうしで等しく責任を持つ意思決定方法を導入し、工場移転やいくつかの重要な吸収合併などの企業決定を、全社規模の民主的手続きに委ねた。利潤共有計画を策定し、それを機能させるため、事業ユニットのサイズを小さくし、給与支払い名簿に載っている人はだれでも、会社の帳簿を見ることができるようにした。自分が信頼していない人間を会社代表とすべきではないという考え方に基づき、経費の承認決済を廃止し、自己申請のあった費用について審査なしに支払うことにした。

また、私生活では一家の長であり、市民のリーダーで、軍隊の予備士官である人たちを子ども扱いするのは不適切だという考え方に立ち、時間給労働者に月給制度を敷き、タイム・レコーダーやセキュリティ・チェックを廃止し、工場で働く人々に自分たちの仕事の目標、手法、そして労働時間さえも決めさせた。得られる利益によってボーナスの額が決まる人たちは、企業の金を豪華なホテルや車代に浪費しなくなり、仕事中ぼんやりすごすこともなくなった。

彼のやり方は正しかった。一年目で売上げは倍になり、在庫は減り、何年間も研究開発途上だった八つの新製品を導入し、品質は向上し（ある製品では三〇パーセントあった不良品発生率が一パーセント未満まで減った）、コストは下がり、自然減と早期退職制度へのインセンティブによって、生産性が著しく向上したため、三二パーセントもの人員を削減することができた。

セムラーは通常の手法に逆らったのだ。委譲可能ないくつかの責任を自ら選択するかわりに、自分の手元に置いておかなければいけない責任、すなわち、契約や戦略策定、提携、会社のマネジメントにおける変更のための権限などを選び出し、残りのすべてを開放したのである。おそらく、管理のない交際費や、鍵のかかっていない倉庫をうまく利用しようとする者もいるかもしれない。もちろん盗みを発見したら、それがだれであっても、彼は容赦なく追及するつもりだが、彼の権限委譲は大胆で、しかも徹底かつ効果的だったため、監視するまでもなかったし、彼自身もそんなことを知りたいとも思わなかった。

しかし、責任と権限の分担を広く求めることは危険性も大きく、無力化にもつながりかねない。それが、コントロールしたいという自分の本能を押さえ込むことを意味するときは、自分の牙を抜くようなものだ。実際人々は、自分たちが欲しいと主張する機会をつかまえることに、往々にして失敗する。そしてマネジャーは、自分たちが委譲しようとする権限の放棄に失敗するのである。

ウィスコンシン州にあるジョンソンビル・ソーセージのラルフ・ステイヤーは、八〇年代初め、従業員に権限を委譲することで大胆な利潤と責任の共有をはかり、活性化させようとした、もう一人のCEOである。しかし、その際の最も手ごわい敵はステイヤー自身だった。彼はいまでも、無意識のうちにそれにしがみつくほど、自分の支配力を深く愛していたのである。

問題に取り組む際に、協力するすべての部下に発言の機会を与えることで、彼は会社経営をつづけた。生産データを集めることで、彼は生産担当にとどまった。そして製品の品質チェックをつづけることで、品質管理の権限委譲を巧みに回避した。部下たちは、ステイヤーが自分たちにどんな決断を下してほしいと思っているかがわかっている場合を除き、自ら決定を下すことをおそれた。

ここでの唯一の改善は、従業員に対して何をしてほしいのかを伝えるかわりに、従業員に考えさせるようになったことだけである。驚くことではないが、従業員はすぐに、彼の声の調子とボディ・ランゲージを正しく読み取り、一つのなにげない言葉から全体を理解するエキスパートになっていた。ステイヤーは、自分が何をやっているのかにようやく気がつき、自分が本当に求めているのは、従業員に会社経営を任せ、彼が抱えている問題を共有してほしいということなのだと、改めて自分に言い聞かせた。

そこで彼は、自分の意志ではなんら具体的な行動を起こすことができなくなっている二人の直属の部下を首にし、生産にかかわる決定を話し合う会議への出席を中止した。そのかわり彼は、指導や教育、説得の技術を学び、こうしたスキルを技術的な専門知識よりも重要視するために、マネジャーの業務分掌を変更した。

数年後、その成果が現れた。ジョンソンビル・ソーセージに、ステイヤーがこの会社ではとても処理しきれないのではと思うような大口の契約話が持ち上がったのだ。数年前だったら、この話はなかったことにしただろうが、彼はこれを従業員に投げてみたのである。二週間というもの、従業員は小グループに分かれて、またより大きなチーム会議（ステイヤーは出席しなかった）で、この契約にともなう危険性と挑戦を検討し、マイナスの危険性を最小化するための計画を練った。

そして彼の心配をよそに、従業員は、自分たちが大変な思いをすることになるのがわかっていながら契約を結ぶことを決め、実際、それを見事に成し遂げたのである。

人をワクワクさせ、やる気をおこさせる能力

これらの事例が示すように、素晴らしいマネジメントとは、学習や教育、説得における経験の積み重ねである。顧客にとって、ビジネスにとって、そして自分たち自身にとって、一番良いことを他人に率先してやらせるには努力が必要である。なぜならそれは、人々に理解させ、最もよいと思われることをやってみたいと思わせることだからだ。

それはインテグリティ、積極的な権限の委譲、勇気、粘り強さ、優れた指導スキルを必要とし、ときには、マネジャーに自らむずかしいレッスンを課すことを要求するのである。シンシナティの小さなパッケージ工場、シンメイドのオーナー、ロバート・フライもその一人だった。

フライは、自分の会社の責任を、すべて自分一人で背負う気はなかった。そこでラルフ・ステイヤーと同じように、自分の会社の従業員と責任と報酬を分ち合おうと決めた。しかし従業員は、申し訳ないがと辞退した。いや、申し訳ないどころか、はっきりノーと拒否したのだ。彼らは、たとえそれが本当に気前のよい規模での利益の分ち合いを意味していたとしても（実際は疑っていたのだが）、権限や自治にはいっさいかかわりあいたくないと思っていた。

フライは、八四年にパートナーと共同でこの会社を買った。最初、彼と従業員は敵対関係にあった。彼はあからさまに、お前たちはバカで間抜けだと言い、お前たちの仕事はだれにでも簡単にできると言い放っていた。さらに悪いことに、彼は定期昇給を拒否した。従業員はストライキに訴えたが、運動資金がつづかず、最後には引き下がるしかなかった。

フライは従業員に、休暇の削減と一二・五パーセントの賃金カットを通告し、受け入れなければ職場復帰を認めなかった。敗北し、屈辱的な扱いを受けさせられた従業員たちは、彼を憎んだ。彼は労使紛争には勝利したが、手に入れた戦果は、陰鬱なムードの怒れる従業員でいっぱいの工場だった。彼らは、署名させられた契約書の内容から少しでも外れたことがあれば、すべて苦情を申し立てることに決めていた。

フライは、自分のコスト削減策がどうしても必要だったにしても、自分のやり方は傲慢で高圧的、近視眼的だったことにすぐに気がついた。そして、今後会社が生き延びていけるかどうか思い悩み、毎晩眠れずにすごすことに嫌気がさした。彼は従業員に心配事の一部を肩代わりしてほしいと思ったのだ。そしてそのために、必要なことはなんでもやる用意を整えていた。

ストライキは、従業員に対する彼の態度が間違っていたことを思い知らせた。彼らがやっていた仕事は、それほど簡単なものではなかった。彼は、自分でやってみてはじめてそのことに気がついた。彼は、従業員の機械や製品、顧客に関する知識を心から必要としていた。彼は自分の現在の苦境から抜け出し、従業員の信頼と協力を勝ち取ろうと決意した。

彼は、彼らに専門家としての助言を求め、また会社が財務上、現在どういう状況かを正確に知ってもらうために、経営状況の会議を毎月開くことにした。また利益共有計画も検討しはじめた。

その結果、契約初年度の終わりには、事業は再び利益を回復した。彼は賃金カットのかなりの部分を従業員に還元した。契約二年目の終わりと最終年に向けて、彼は残りを還元し、課税前利益の三〇パーセントを従業員に分配し、その半分を時間給労働者に配分するという利益分配計画の導入を発表した。その計画を確かなものにするため、彼は会社の経理帳簿を組合に公開し、査察と監査を受けると宣言した。

多くの時間給労働者は抵抗した。彼らはこれ以上の責任を背負わされることを望んでいなかった。彼らは変化を望んでいなかった。フライが利益をキープすればいいではないか、と思っていた。彼らはもちろん高い賃金を望んではいたが、リスクではなく、保証がほしかったのだ。

しかしフライは、そんなことは考慮しなかった。そしてきわめて単刀直入だった。自分が最も信頼する人たちに一方的に新しい責務を与え、それに見合う報酬を与えた。また彼は、近代経営を学び、統計的な工程管理の知識を身につけるよう従業員を説得するのが得意な工場マネジャーを見つけた。彼は、新しいスキルを身につけた者から昇給させることに決めた。

しかし彼は、会社を立ち直らせるために必要だった賃金カット分の回復と、賃金の一律引き上げは拒否した。フライは、従業員全員が会社の発展に共通の関心を抱かないかぎり、経営側と従業員の対立はつづくだろうと考えていた。そのため彼は従業員に、賃金はどこから生まれてくるのかを理解し、報酬と利潤が交換条件になっていることをわかってもらいたいと思った。従業員に、これまで以上の報酬を得てほしかったが、それには、会社の利潤拡大がなければならないということだった。つまり従業員は、リスクの一部を共有し、より大きな責任を負わなければならないのだ。

彼は二つの考え方を表明した。「私は従業員と対立関係にある会社を所有したくない」「従業員の参加はマネジメントに重要である」だ。しかし従業員が、意思決定への参加を拒否したり、「それは私の仕事ではありません」と言うたびに、彼は怒りをあらわにした。

彼は月例会議で、より複雑な情報を共有し、利益見通しを検討し、作業工程におけるスクラップ率や生産性に関する数字を調べた。組合のリーダーに会い、自分が何をやろうとしていることを正確に伝え、彼らの労働協約を破るようなことはけっしてしないと誓った。彼らの怒りと批判を当然のこととして受け入れ、大胆に人に任せ、人の話に真剣に耳を傾け、目に見えるかたちで尊敬の念を表すことさえした。

従業員の一部が、やがて彼に好意を持ちはじめた。多くの人が彼の考え方に賛同しはじめ、彼が自分たちに語ったことは信用できると思いはじめた。彼は変化について積極的に説明し、教え、学び、説得しつづけ、ノーという答を聞くことを拒否しつづけた。

何年か経つうちに、この努力はすこしずつ報われはじめた。利益は伸び（個人の利潤分け前は四年間で平均三六パーセントの賃金増加につながった）、生産性は三〇パーセント伸び、無断欠勤はほぼゼロになり、苦情申し立ては年間一、二件にまで減った。フライにとってさらに重要だったのは、従業員が収入とイニシアチブの間に関連性を見出し、いまでは彼らが長期計画や労務管理、原材料、設備、生産工程、包装、納品のすべてに関与していることである。おそらくなかでもいちばんよかったことは、従業員の一部が会社の業績を心配し、眠れない夜を送ってくれていることだった。

フライは、大きな欠点を持ちながらも、それがさほど問題にならない素晴らしいマネジャーの、興味深いケースである。その戦術は、不可欠な要素のリストには載っていないものだ。優雅さも不要である。しかし、そこにはもう一つ、欠かせない能力がある。非常に稀な、洗練されていないかたちではあったが、彼はそれを持ち合わせていた。それは、胸がワクワクするような興奮をつくりだす能力である。我々はそれを、人々にやる気を起こさせる能力と呼んでいる。

しかしこの言い回しは、素晴らしい会社をつくりあげるうえで必要な、アドレナリンを意味するには情熱に欠けている。フライは人々を鼓舞したのである。最初はたしかに怒りによって、であった。しかし後には、冒険心と創造性によってみんなを奮い立たせたのである。

もう一つの素晴らしいマネジャー像、ヒロイズム

我々は政治家から映画スターまで、すべてのリーダーに感動を期待する。そして同じことを、自分たちのマネジャーにも求めるのである。将軍、君主、神父、そして政治家が、過去何世紀にもわたって演じてきたような、重要な役割をになうマネジャーたちは、我々の社会において最も重要な人物となった。我々はマネジャーに導き以上のものを期待するのである。

ここに紹介した事例だけでは、現役で活動中の素晴らしいマネジャーの全体像を描き出すことはできないが、我々のテーマについてのラフスケッチは浮き彫りにできるだろう。それは、人間性の社会的側面を拡大し、それぞれの才能を実現させ、価値を創造し、すべてのプレーヤーに最大級の可能なかぎりの利益をもたらすために、情熱的にこれらの活動を結びつけるのである。

素晴らしいマネジャーについて、もう一つの見解を紹介しよう。やや極端と思われるかもしれない。我々はマネジャーに対して、人生以上のものを期待することはすでに述べた。そして真に素晴らしいマネジャーの場合には、それが得られることも示した。彼らは、直感、インテグリティ、リーダーシップ、イマジネーション以上のもの(その一部は粘り強さであり、残りの大半は勇気である)、

ヒロイズム（英雄的資質）に近いものを持ち合わせている。

英雄といえば、燃えているビルと情け容赦ない自己犠牲のイメージにしか結びつかない人にとっては、この提案に不快感を覚えるかもしれない。ヒロイズムとは、自己利益と同じように心地よく使える言葉ではない。そしてマネジャーたちは、金儲けをしたり、あるいは大儲けをすることを含め、少なくとも一部は自分のためになることをやっているという事実を避けることはできない。

にもかかわらず、これまで存在していない価値を創造すること、仕事とキャリアと生涯の目標をつくりだすこと、適正で生産的で利益を生みだすこと、手ごわい状況に遭遇しながらも往々にして支援もなしに孤立すること、ビジョンを描き出す厳しい知的労働や、真実と信じるものにとどまりつづける厳しい道徳的な仕事などは、みんな我々になじみのある英雄的行動のたぐいではないのだろうか。たとえそこに報酬があったとしても、そして最終的な報酬が大きなものであったとしても、である。それに関するかぎり、従来の物語のヒーローの多くが、そしてメディアに登場するヒーローたちが、王国の半分や富、名誉、上院議員の席、大統領の地位といった大きなベネフィットに飛びつかないだろうか。

企業家について最も驚くべきことの一つは、たとえば、彼らがときおり驚くほどロマンチックなヒーローに似ているということだ。孤独である点が似ているのである。流れに逆らい、自分の支持者に逆らい、伝統に逆らい、批判に逆らって永遠に泳ぎつづけるという事実がそうだ。

最上のマネジメントには、英雄的な側面がある。なぜならそれは、永遠の人間の挑戦を取り扱い、失敗の言い訳を許さず、責任逃れができないからだ。マネジャーは、ほかの人間と同じように無分別で、わがままであることもできるが、彼らはまた理想主義的かつ高貴であることもできるのだ。

素晴らしいマネジャーは、別の素晴らしいマネジャーをつくりだす。レイオフをめぐって従業員と対峙したウィリアム・ピースは、二つめのストーリーを語る。それは、以前彼の上司だったジーン・カタビアニという名のゼネラル・マネジャーの話で、ピース自身も彼の影響を受けて素晴らしいマネジャーになったのだ。

話は七〇年代初めにさかのぼる。カタビアニは、フィラデルフィアのウェスチングハウスのスチーム・タービン部門を買収した直後、深刻な経営危機に直面していた。その部門は大赤字だった。経営を立て直すにはコストを削減し、生産性をあげる必要があった。現場にはまだ改善の余地がたくさんあった。また、会社と従業員との敵対意識も激しかった。組合のリーダーは、非協力的なことで定評があり、ストライキが激化していた。

会社側は、従業員たちを怠け者で利己的だと思っており、敵対的に扱っていた。カタビアニは、この難局を打破するときがきたと感じていた。組合の協力は、この部門を救済するために必要な改革を断行するうえで不可欠だった。

そこで彼は、自らの態度を改めることに決め、従業員に敬意をはらい、インテグリティを持って接しはじめた。彼が選んだ手法は、全従業員に対して、スライドを使って会社の現状をシリーズでプレゼンテーションし、しかも質疑応答の時間を設けるという、前例のないものだった。直属の部下の反対を押し切って、彼は自分自身でプレゼンテーションを行うことにした。従業員が何百人もいたので、彼は同じ話を何度も繰り返さなければならなかった。

最初のプレゼンテーションは試練だった。彼は従業員に、この部門は問題を抱えており、自分たちの仕事の存続は、新たな労使関係を構築できるかどうかにかかっているということをわかってもらおうとした。しかし、従業員はカタビアニを敵視した。やじを飛ばし、ぶしつけな質問で妨害し、あからさまに嫌がらせをした。彼らがカタビアニの注意深い説明を一言も聞いていないことは明らかだった。

ピースら同僚は、カタビアニのプレゼンテーションは失敗で、彼は残りのプレゼンテーションをすべてキャンセルするか、ほかのだれかにやらせるだろうと確信した。しかし、大きな不安を抱えながらも、カタビアニは途中でやめようとしなかった。彼は、自分の発言をまったく信じようとしない従業員からの妨害や口汚い言葉に、繰り返し自分の主張をつづけた。

その後カタビアニは、定期的に工場の現場を訪れ、妨害者のなかでも最も手強い相手に、情理をつくして説きはじめた。そんなことは、これまでの前任者が一度もやらなかったことだった。

何週間かがすぎると、彼が話しかけた従業員のなかに、彼が現れると頷くようになり、彼が言うことに耳を傾け、ついには一対一で議論をする者が現れた。少しずつではあったが、あからさまな敵意のなかで、カタビアニが望んでいた変化が起こりはじめたのだ。彼は、どこにでも転がっている、使いものにならないマネジャーでいることをやめ、生身の人間になった。彼は信用を獲得し、以前は不快な沈黙と敵意しかなかったところに対話を生みだした。

プレゼンテーションとその結果は、大きな転換をもたらした。このプロセスは、カタビアニにとって苦しく、孤独なものだったが、それがどんなマネジャーも以前には持つことのなかった人間としての地位を彼に与えてくれた。従業員は、自分たちの課題に意欲的に取り組みはじめた。彼らにその機会を与えることで、カタビアニ自身も悪者に徹することがむずかしくなり、辞任することもできなくなった。その瞬間から、労使関係は改善に向かって大きく転換したのである。

次の数カ月間、彼は部門の運営方法について大幅な改革を実施した。仕事により柔軟性を持たせ、品質と生産性にいままでよりも高い基準を課した。そして必要な場合にはレイオフも実施した。それぞれの改善策は新たな戦いだった。しかしカタビアニは、ひきつづき怒りと論争のターゲットに無防備のまま身をさらした。やがて必要な変化が起こり、平和が維持され、部門の業績は、部門の命のみならず、会社全体を救済するように改善された。

このような事例や、カタビアニの弟子であるウィリアム・ピースのような話は、めったにあるものではない。この二人や彼らのアプローチと同じような、素晴らしい感性は簡単に手に入れられるものではない。どんなに勤勉であっても、どんなに小さな規模であっても、真の勇敢さを磨くことはなかなかできることではない。マネジメントはむずかしいものなのだ。それをうまくやるには、際立って優れた、ときに英雄的な人材が必要なのである。マネジメントは、我々が考えている以上に、尊敬すべき骨の折れる仕事なのである。

第7章

リーダーシップの新しい使命

The Work of Leadership

ロナルド A. ハイフェッツ
Ronald A. Heifetz

ドナルド L. ローリー
Donald L. Laurie

ロナルド A. ハイフェッツ　Ronald A. Heifetz
リーダーシップ理論やリーダーシップ開発手法の研究者で、ハーバード大学でリーダーシップ教育プロジェクトを教えている。コール・アソシエイツのディレクターやハーバード大学医学部で精神医学のインストラクターも務めた。主な著書に*Leadership Without Easy Answers*（The Belknap/Harvard business Press, 1994）（邦訳『リーダーシップとは何か』産能大学出版部刊、1996年）などがある。

ドナルド L. ローリー　Donald L. Laurie
コンサルティング企業ローリー・インターナショナルの創設者でマネジング・ディレクター。会長やCEOに関連性のある戦略的マネジメントについて研究。主な著書に*The Work of the Leader*（1998）などがある。

【論文初出データ】
The Work of Leadership（HBR, 1997 年 1-2 月号）
リーダーシップの新たな使命（DHB, 1997 年 6-7 月号 , 萩原貴子訳）

変化に適応していくためのリーダーシップ

ジャック・プリッチャードは、その命を長らえるために生活習慣を変えなければならなかった。心臓外科医は、三回のバイパス手術と投薬を施してくれるそうだが、生活習慣を自ら変えなければならないという、プリッチャードに課せられた重石を軽くしてくれる妙案は持っていなかった。

彼は禁煙し、ダイエットと運動をはじめ、リラックスする時間をつくり、そしていつもゆっくりと深呼吸するよう気をつけなくてはならなかった。医者はその専門技術を使ってサポートしてくれた。しかし、健康を回復し、それを維持していくために長年の習慣を改め、新しい生活に適応していくことは、プリッチャード自身にしかできないことだ。

主治医はこれまでの行動様式を変えるよう勧めた。プリッチャードは、日常生活のなかに変化を起こし、これまでとは異なる生活に適応していくことに挑戦していかねばならなかった。

今日の企業も、主治医とプリッチャードが目下抱えているような課題に挑戦しなければならない点では同じである。

企業はいま「適応への挑戦」に直面している。すなわち、社会、市場、顧客、競合企業、技術といった変化に合わせ、組織の価値を明確にし、新しい戦略を編み出し、新しい運営方法を学習することが求められている。そのためにリーダーはなんらかの変化を起こさなければならないが、その際にはやっかいな任務を背負うことになる。それは、社内のみんなを新しい仕事に適応していくように仕向けることである。

それまで信じて疑わなかったことを変えなければならないとき、これまで成功を導いてきた価値観が適切ではなくなったとき、そして競争にさらされる状況が合法的に現れたとき、これらに適応していかなければならない。

リストラやリエンジニアリングを行うとき、なんらかの戦略を創造し実行に移していくとき、あるいは買収するときなどに、日々職場のさまざまなレベルで適応への挑戦を見ることができる。また、マーケティングがうまくいかないとき、組織横断チームがうまく機能しないとき、あるいは上級管理職が「我々はあまり効率的に動いていない」と不満を述べるときにも適応への挑戦に直面する。新しい課題に適応していくことは、答の見えない因襲的な問題であることがほとんどである。

新しい事業環境のなかで生き残るためには、変化に合わせて組織の行動様式を適応させていなければならない。現在そのような変化をおそれていては、どんな企業も衰退してしまう。社員を新しい仕事に適応させることは、まさしく競争社会におけるリーダーシップの目標である。しかし上級管理職のほとんどは、リーダーシップを発揮することと、専門知識をうやうやしく提供することが同じだと思っており、両者が決定的に違うとは考えていない。それはなぜか。どうやら二つの理由があるらしい。

まず第一に、もし両者が異なると認めているならばなんらかの変化を起こすために、彼らが過去からずっと実行してきた、自らが解決策を提示し、自らが陣頭指揮をとるという行動様式を改めなければならないからだ。

上級管理職の多くは、自分の強みを担保に責任をとり、問題を解決し、現在の地位に駆け上ってきた。それ自体はきわめて自然なことだ。しかし、会社そのものが適応への挑戦に直面している場合、上級管理職のみならず社員も、その解決に責任を負わなければならない。適応への挑戦に立ち向かうには、上級管理職と社員が一体となって、経営資源を活用し、組織や階層を超え、問題解決のために学びあい、あらゆる階層に存在する知を結集させていく必要がある。

第二に、適応には変化がともなうが、変化とは人々に苦痛を与えるものだからである。新しい役割、すなわち新しい関係、新しい価値観、新しい行動様式、そして新しい仕事のやり方が求められるのである。

社員には努力の犠牲が強いられるが、ほとんどがいやいやながら甘受している。だから、上級管理職にこの肩の荷を軽くしてくれるよう期待する。しかし本来、こういう期待を抱かせてはいけない。リーダーたる者は、答を与えてほしいという期待に応えるのではなく、逆に厳しい要求を投げかけていかなくてはいけない。

また、外部の脅威からみんなを守るのではなく、いま起こっている危機をみんなに認識させ、適応していくように促していく。あるいは、現在の役割に安住させるのではなく、新しい関係性へと発展させていくように仕向けなければならない。争いを抑えることよりも、いったい問題は何なのかを明らかにしなければならない。ふつうの状態を維持するのではなく、現状のビジネスのやり方を変えることに挑戦する一方で、これまで同様、受け継ぐべき価値とは何かがわかるように示していかなくてはならない。

我々は世界各地からマネジャーの経験を集め、みんなが新しい仕事へ適応していけるようにリードするための法則を六つ導き出した。

リーダーは、バルコニーに上がり、適応への挑戦を見極めて、メンバーの苦痛・苦悩を調整し、鍛練された注意力を持ちつづけ、仕事の責任を人々のもとへもどしてやる。そして組織のなかからやがて聞こえてくるリーダーシップの産声を守り育てていく。

プロフェッショナル・ファームであるＫＰＭＧオランダ(以下ＫＰＭＧ)が、変化に対していかに適応していったかという事例をなぞらえながら、これらの六法則を明らかにしていきたい。

リーダーはバルコニーに上がれ

アービン・マジック・ジョンソンがバスケットボール・チームをリードする素晴らしさといったら、彼はまるで最上階にあるアナウンス席か、あるいはコート全体を見渡せるバルコニーの上にいるかのように、試合全体を把握しながら、自分自身も激しいプレーができるところにある。ＮＨＬのボビー・オールも同じようにプレーする。

ふつうの選手は興奮し、試合に没頭するあまり、ジョンソンやオールが瞬時に理解するようには、試合の大きな流れを認識できないかもしれない。スピーディなプレー、肉体的接触や観衆の歓声、プレッシャーが彼らを支配してしまうからだ。ほとんどの選手は、いまパスを受けられるのはだれなのか、ブロックから外れているのはだれか、あるいは攻撃と防御はうまくいっているのかといった状況が、ただたんに見えないだけなのかもしれない。しかし、ジョンソンやオールのような選手は、状況をよく観察し、ほかの選手の動きをガイドすることができる。

ビジネス・リーダーは、自分がバルコニーに立っているかのように、状況全体を把握できなければならない。現場を動き回るだけがいいとはいえないのだ。

リーダーは、変化の流れや状況をきちんととらえる、あるいは変化を創造しなくてはならない。メンバーに会社の歴史を強く認識させ、かつては何がうまくいったのかを示すと同時に、いま市場にはどんな力が働いているのか、また将来に向けて具体的に何をすべきかを示さなくてはならない。さらに、どうして企業と個人の価値観が食い違っているのかを見極め、みんなはどんな逃避行動に逃げ込みやすいのかを認識し、そして変化によってどんなことが生じてくるのか、それらのうち、何が機能的で、機能障害を起こすものなのかを注意深く観察しなくてはならない。

組織内に染みついた慣習のせいで、みんなは新しい仕事に適応したがらない。これは日々さまざまな場面で見られることで、その結果、いろいろな抜け道を探すようになる。それゆえ、現場とバルコニーとの間を行き来できる能力がなければ、リーダー自身も知らず知らずのうちに因習のとりことなってしまうのである。

適応という変化のダイナミズムはきわめて複雑であり、現場を見ているだけでは、どのような影響が起こっているのかわからないし、この先どのように進めばよいのかを判断することもままならない。

我々は何人ものリーダーにめぐりあってきた。彼らのうちの何人かは本稿でも紹介するが、変化のなかで組織をリードしていくために、バルコニーの上で多くの時間を費やすリーダーたちである。彼らがなんらかの見通しを持っていなければ、おそらく、みんなを新しい仕事に適応させることに失敗しただろう。バルコニーに上がることは、次につづく五つの法則の前提条件なのである。

適応への挑戦を見極める

ヒョウがチンパンジーを襲うとき、群れから一匹のチンパンジーを外れさせ、これを捕まえようとするが、なかなかうまくいかない。なぜなら、チンパンジーはどうすればこの脅威から切り抜けられるか心得ているからだ。しかし人間がライフル銃を片手に近寄ってきたときは、いつもどおりに対処していてはやられてしまう。チンパンジーはこの新たな脅威に立ち向かうための方法を見つけ出すか、あるいは世の中から密猟者がいなくなることを祈るかのどちらかしかない。ビジネスもこれと同様で、適応への挑戦を素早く学ぶことができなければ、生き残れないかもしれない。

ここで、有名なブリティッシュ・エアウェイズ（BA）のケースを考えてみよう。一九八〇年代、航空業界に革新的変化が起こるなかで、BAは乗客から顧客サービスが劣悪な航空会社というレッテルを貼られた。そのとき同社のコリン・マーシャル会長は、変革の必要性をはっきりと認識していた。また変革を実現させるには、価値観、行動、そして社内のあらゆるところに変化を起こす必要があることを理解していた。

しかし、社員たちは機能別のサイロに閉じこもり、顧客よりも上司をよろこばせる価値観が染みついた組織では、世界的に親しまれる航空会社に生まれ変わることなど簡単にできるわけがなかった。

マーシャルはこの組織に、顧客に献身的なサービスを提供し、信頼を前提に行動し、互いに個として尊重しあい、組織の枠組みを超えたチームワークをつくりだすことを求めた。つまり、BA全体の価値観が変わらなければならなかった。全員が協力しあうことを学ぶ必要があった。航空会社の仕事とは何か、その向かうべき方向はどこかについて考え、それを果たすための責任感を組織内に築いていかなければならなかった。

マーシャルは、適応への挑戦として必要不可欠なことは、組織全体に信頼関係を創造することだと悟り、それを明らかにした。それゆえ彼は、「信頼の創造」を第一義とした経営トップの先駆けの一人として知られているのである。

マーシャルはBAを率いていくために、まず不満足を感じている顧客がもたらす脅威がいかなるものか、役員たちに納得させる必要があった。その脅威に対処することは、たんなる技術的に解決できるたぐいの挑戦なのか、あるいは適応への挑戦なのか。すなわち、専門家のアドバイスにしたがってルーチン業務を技術的に調整すれば事足りるのか、はたまた全社員が新しいコンピタンスを開発し、協力しあって働きはじめるという、新しいビジネスの進め方を学ぶ必要があるものなのかを明確にしなければならなかった。

マーシャルと彼のチームは、組織として挑戦すべきことは何かを知るために、詳しく診断し、洗い出しを行い、最終的に三つに絞り込んだ。

まず、運航乗務員とミーティングを持ったり、三五〇人の人間が詰めているニューヨークの予約センターを訪れたり、東京の荷物取扱所を歩き回ったり、あるいは立ち寄った空港の顧客ラウンジに顔を出したりして、組織の内外の人々からの意見や不満に耳を傾けた。彼らは主に、進歩するためにはだれの価値観を、あるいは信念や態度または行動をどのように変化させなければならないのか、どのような変化や資源、そして力が必要なのか、だれの、どういう犠牲が必要なのか、といったことを質問をした。

第二に、マーシャルと彼のチームは、さまざまなコンフリクトを適応への挑戦の兆し、あるいはその手がかりとしてとらえた。組織内に起こるコンフリクトは、たんに表面的な現象を表しているにすぎなかった。コンフリクトの奥に潜んでいるものこそ診断されるべきだった。手続きやスケジュール、そして上司への不満といった技術的に解決できると思われる争いごとも、実は、組織における価値や規範に潜んでいるコンフリクトの代償行為なのである。

第三に、マーシャルと彼のチームは、組織が直面している適応への挑戦は、実は彼ら自身が体現していることだと認識し、自らを振り返ってみた。

BAの変革の初期には、各機能と各組織を超えて協力したり、必要な取引を行ったりということもままならず、かえって会社の能力を減じさせてしまった。役員たちはそれぞれに価値や規範を決めていて、それをチームに当てはめていた。しかし、どの役員も自分のチームがBAにおける最高の、あるいは最低の価値と規範を表しているという事実を認めざるをえず、新しい仕事に適応していくためには何が本質なのかを見極めるために、進んで役に立つケースを提供するようになった。

このように適応への挑戦を見極め、明らかにすることは、BAが世界的に好まれる航空会社に生まれ変わるためにきわめて重要なことだった。戦略を成功させるためには、リーダーたちが自分自身と社員、そして潜在的なコンフリクトの原因を理解する必要があった。マーシャルは戦略を編み出すこと自体に、適応への挑戦が求められていることを認識していた。

苦痛・苦悩を調整する

新しい仕事に適応する際には苦痛がともなう。リーダーは、解決策が見えない挑戦に向かって人々が動く前に、人間は多くのことを一度に学習できない、ということを理解しておかねばならない。と同時に、現実が新しい挑戦を要請しており、それゆえ変化は当然であるということをメンバーに納得させなければならない。人々は、プレッシャーに押しつぶされそうなときに新しい方法を学習できないが、かといってそのすべてを取り除いてしまうと、新しい仕事に適応しようという意欲をそぎかねない。リーダーは、人々に変化が必要だと感じさせることと、変化へのプレッシャーを意識させることの微妙なバランスに注意しなければならない。リーダーシップは、使い方次第では両刃の剣になりうるのである。

高い生産性を維持したまま緊張感を保つためには、リーダーは三つの基本ミッションを遂行しなければならない。リーダーはこれらのミッションを実現することで、メンバーの能力を減じることなく動機づけられる。

まず第一に、リーダーは人々がセルフ・マネジメントできる環境をつくりださなければならない。圧力釜をたとえに使えば、リーダーは蒸気をいくらか逃しつつ、熱を加えることで圧力を調整する。もし圧力が圧力釜の容量を超えると、釜は爆発する。しかし熱を加えなくては調理できない。

リーダーがコントロールすべき状況とは、人々が一時的に参加できる「場」を設けることである。場とは、多種多様なメンバーがそれぞれ直面している挑戦について自由闊達に意見交換ができ、討論すべき問題の枠組みを自分たちで考え出し、その問題の背景にあるトレードオフとなる考え方や価値観を、明確にする機会にほかならない。

ときが経つと次第にさまざまな課題が熟しはじめていき、段階的に計画、実行へと移されていく。

図表 リーダーの仕事への適応性

責任	場面	
	専門的・日常的業務	適応性
方向性	問題の明確化と解決策の用意	適応への挑戦を見極め、重要な質問や課題を投げかける
保護	外部の脅威から組織を守る	耐えられる範囲で外部からの圧力を感じさせる
新しい使命	重要な役割と責任	現在の役割に挑戦し、新しい役割を早急に表面化する圧力に抵抗する
コンフリクトの調整	規律の現状維持	コンフリクトを表面化させる、もしくは明らかにさせる
規範の形成	規範の維持	非生産的な規範に挑戦する

BAでは、社内に向かっていた関心が顧客へ移るという変化が、四～五年かかって起こり、ひきつづいて重要な課題に対して問題解決が試みられた。たとえば、信頼できる役員チームをつくる、小さく分解された組織で緊密なコミュニケーションをはかる、新しい人事考課と報酬体系の手法を決める、使い勝手のいい情報システムを構築する、といったような具合である。この間あらゆるレベルの社員たちは、何をどのように変えればよいかについて理解を深めていった。

詰まるところリーダーは、仕事に優先順位をつけたり、仕事のペースをほどよく調整したりしてはならない。上級管理職は、すべてが重要だと人々に伝えてしまいがちだ。だから、人々はいままでの活動をやめずに、さらに新しいことをはじめようとしたり、あまりにもたくさんのことを同時にはじめたりしてしまう。その結果、仕事の責任をとらされる現場の人々に余計なプレッシャーを与え、混乱させてしまう。

第二に、リーダーには方向性を示し、保護し、新しい使命を与え、コンフリクトを調整し、規範を形成する責任がある（**図表**「リーダーの仕事への適応性」を参照）。専門的、あるいは日常的な業務のマネジャーにとっても、これらの責任を満たすことは重要なことである。しかし新しい仕事への適応に取り組むリーダーは、これらの責任を違ったやり方で満たしていく。

リーダーは、組織の適応への挑戦を見極め、明らかにすることで方向性を示し、重要な質問や課題を投げかける。リーダーは変化の度合いを調整することで人々を守る。リーダーは仕事の現実感と重要な価値を明確にすることで、人々に新しい役割と責任を与える。リーダーは衝突を創造性と学習の起爆剤としてとらえ、表面に引き出す。そして最後に、リーダーは、その組織が保持しつづけるべき標準規範を確立し、変化が必要な標準規範に挑戦する手助けをする。

第三に、リーダーは存在感と毒気を併せ持たなければならない。変化がもたらす苦痛・苦悩を調整することは、おそらくリーダーにとって最もむずかしい仕事である。現状を保とうする人々からの圧力は相当なものだ。圧力釜の中で分子が激しく壁面に当たるように、メンバーは仕事に衝突をもたらすリーダーに激しい圧力をかけてくる。

大きな変化が起こると、組織内には恐れが生じると同時に、だれかがその犠牲となる。リーダーはこの変化による痛みの存在を十分に理解しておく必要があるが、さらに組織内に安定感と緊張感のバランスをはかりながら維持することも忘れてはならない。そうしないと、プレッシャーは失われてしまい、学習へのインセンティブのみならず、変化そのものも消えてしまうからだ。

リーダーは、不安定さやフラストレーション、さらに苦痛にも耐えられる情緒的能力を備えなくてはならない。また、落ち着きを忘れることなく、メンバーに厳しく問いかけていかねばならない。同僚や顧客と同様に人々は、リーダーには自分自身を管理し、つねに平静を維持できる能力があるかどうかを、リーダーの言葉や態度から注意深く観察している。リーダーは、自分たちが課題に取り組めるよう、自信にあふれた態度でコミュニケーションしていく必要がある。

注意力で鍛え、それを持続させる

同じ組織のなかでも、経験や考え方、価値観、信念、仕事の習慣はそれぞれに異なる。多様性は重要かつ価値がある。なぜなら、イノベーションや学習は違いを前提にして生まれてくるものだからである。視点の違いが明らかにされないと、学習効果は生まれてこない。

しかし、マネジャーの全員が、従来とは異なるような見通しを組織内に提案していくことには消極的である、ないしは具体化することができない。また、わずらわしい問題から目をそむけがちで、どうすれば手をつけなくてすむのか、あれこれと策をめぐらし、波風を立てないようにふるまうこともある。リーダーは、価値観、手続き、仕事のやり方、権力といったことの間に生じるトレードオフを解消するために、みんなを挑戦させていかなければならない。

これは、中間層や一般社員と同じく、組織のトップにも当てはまる事実である。もし取締役会が新しい仕事に適応できなければ、組織は本当に衰退してしまうだろう。もしマネジャーたちが、不和を生じさせるような課題を組織から見つけだし、それを解決できなければ、いったいだれが組織行動を変え、人間関係をつくり変えるのだろうか。

スカンジナビア航空の伝説的なCEO、ヤン・カールソンが語ったように、リーダーシップの最もおもしろい役割の一つは、役員どうしが耳を傾けあい、相互に学習しあうようにすることである。討論を重ね、互いに何を考えているのかが理解できるようになったとき、組織の問題を解決するための独自の方法を習得できる。その際リーダーには、コンフリクトを表面化させ、それを創造の源泉として逆利用することが求められる。

どんな組織にも、目をそむけたい仕事は存在するものだが、リーダーは、適応すべきがゆえに遠ざけたいと思う人心の動揺を統治していかなくてはならない。新しい仕事に対して組織的に適応しようとすると、だれか身代わりになったり、否定されたり、目の前の技術的な課題に拘泥したり、あるいは個人攻撃をしたりして、現実から目をそむけようとするものだ。仕事回避がさまざまなかたちでてくることが予想される。このようなことが起きた場合、人々の関心を正しい方向にもどすために、彼らの動揺を見極め、明らかにする必要がある。

意見交換の場で不毛なコンフリクトが起こったときには、リーダーは課題の再構築を人々に指示し、一歩でも先に進むよう導いていかなければならない。リーダーは人々に問いかけ、分裂したチームを修復し、問題を分解して討論を深めていく。人々が、やれ外部の圧力のせいだとか、上司が悪いとか、仕事量が多すぎるとか嘆いてばかりいるとき、リーダーは時間を有効に使うように、人々の責任感に強く訴えていく。チームが分裂し、個人個人が自分の縄張りを守ることに躍起になってしまった場合は協働の必要性を説き示さなければならない。

人々は相談しあい、互いをよい意味で利用しあって問題解決をはかっていくことの価値を理解できるようにならなければならない。たとえば、あるCEOは、役員会をたとえその会議が事務的で技術的な問題を扱うものであっても、適応すべき課題にどのように組織として取り組んでいくかを教える機会として使っている。

新しい仕事に適応することを意識的に避けるマネジャーはまずいない。適応しようというよりも、逆にそれに抵抗する感情を持つのが一般的だ。むずかしい問題を少しでも解決したい、あるいは新たに示された価値に貢献できるように行動したいと思う一方で、苦痛は避けたいと思うものだ。ちょうど何百万人というアメリカ市民が納税を怠らず、福利厚生を向上させ、雇用を諦めずに、国の負債を減らしたいと思うように、マネジャーも慣れ親しんだ仕事のやり方を犠牲にすることなく、新しい仕事に適応したいと考えている。

人々が厳しい課題にチャレンジしつづけるためには、リーダーシップが必要不可欠である。注意力を鍛えることは、まさしくリーダーシップを意識することである。

責任を社員に委譲する

組織のなかのだれでも、ある特定の立場に入ってくる情報を入手するための独自ルートを持っているものだ。そして、いろいろな必要性やチャンスに気づいているものの、それに取り組もうとはしない。市場に訪れた最初の変化に気づく人は、組織の周りにいる場合が多いが、その市場情報を戦術や戦略的意思決定に生かせれば、その組織は成功を収めることができるだろう。その情報に基づいた行動を起こせなければ、ビジネスは適応に失敗するのである。

人々が自己責任の名の下に市場に挑戦していくにしても、上級管理職がやるだろうと期待する人や、指示があるまで待っているという人があまりにも多い。新しい仕事に適応していく際には大きな苦痛が継続的に起こるため、このような依存心を特に助長しがちだ。メンバーは受け身になりがちで、一方の上級管理職は問題解決者としての誇りから、なんらかの決断を行おうとする。

その結果、短期的には平穏無事な状況が守られるが、最終的には自己満足、責任、苦痛、そして変革の必要性から人々は、新しい仕事に適応することに背を向けるようになる。

人々にこれまで以上の責任を求めると仮定するのは無理がある。しかし、低いレベルの人たちの場合、リーダーの指示どおりに行動するほうが楽だというばかりではなく、マネジャーも部下もコントロールが必要な機械のように扱うこと、あるいは扱われることに慣れてしまっている。人々は、責任をとることが自分たちの役割であることを学習し、受け入れる必要がある。

ヤン・カールソンはスカンジナビア航空で、相互信頼と権限の分散のみならず、人々が自ら責任をとることを奨励した。リーダーは、人々がその責任の重さに耐えられるようにしなければならない。カールソンは、「重要なのは、彼らが問題を発見することだ。もしあなたたちが問題を認識し、自分自身でそれを解決しようとしなければ、成功はおぼつかない」と語っている。彼はそれを実現するために、人々のコミットメントを幅広く求めていった。

たとえばカールソンは、スカンジナビア航空に移ってからの最初の二年間で、自分の時間の五〇パーセントを、大きなミーティングで直接的に、あるいは多くの革新的な方法を用いて間接的に、社員たちとコミュニケーションすることに費やした。さらに彼は、ワークショップやブレーン・ストーミング、研修、ニュースレター、パンフレット、そして一般メディアを活用した。

カールソンはシンボリックな行動に出ることで自らの考えを伝えようとした。たとえば、もったいぶった役員食堂を廃止したり、会社を支配するまでになった何千枚ものマニュアルやハンドブックを廃棄した。彼は自分自身を語り部と位置づけ、組織の内外の人たちとミーティングを持ち、耳を傾けた。彼は『真実の瞬間』という著書を著し、そのなかで彼の価値観や方針、戦略を説明し、「ほかのだれも読まなくても、少なくとも私の社員たちが読んでくれる」と言っていた。

リーダーはまた、人々に自信を植えつけ、それを伸ばしていかなければならない。この点について、カールソンは次のように述べている。

「人は生まれつき自信を持っているわけではない。自信満々の人でさえ自信をなくすことがある。自信というものは、成功と経験、そして組織の環境から生まれる。リーダーが果たすべき最も重要な役割は、人に自信を徐々に教え込むことだ。人はあえて危険を冒し、その責任を負わなくてはいけない。そしてリーダーは、彼らが失敗したときにサポートし、バックアップしてあげなくてはならない」

ボトムアップのリーダーシップをたいせつに育てる

積極的に経験と学習を積ませようとする組織では、基本的に組織内のすべての人々に自由な発言を許している。しかし実際は、不正に警笛を鳴らす人、創造的だが変わり者、一種独特な意見を持つ人たちの声は日常のなかで押し殺され、組織のなかで沈黙を余儀なくされる。彼らは波風を立てるため、チームワークと連帯という名目で彼らの声は薄められていく。

通常、組織内からあがる声は、リーダーが望むほど明瞭活発ではない。自分の権限や管轄を超えて議論する場合、一般に自意識が強くなり、発言するのに過剰な情熱を注いでしまう。これが、かえってコミュニケーションをむずかしくする。彼らは時間と場所、あるいはコミュニケーション・チャネルの選択を誤ったり、勢力圏の境界線を乗り越えたりすることがしばしばある。

しかし、組織内に埋没し、稚拙ながらびっくりするような発言には、より追求・熟考すべき直感が隠されているかもしれない。タイミングの悪さ、わかりづらさ、あるいは非合理的であるがゆえに問題外とされてしまうと、潜在的価値を持った情報も失われ、組織内の潜在的リーダーの勇気をそぐ結果になる。

ある大メーカーのマネジャー、デイビッドの場合がそうだった。デイビッドは、上層部が問題発見、オープンな議論、そして自己責任を社員に奨励していることを知っていた。そこで彼は、CEOがたいせつにしている、あるプロジェクトに関して問題提起をした。それはあまりにも扱いづらい課題として何年も塩漬けになっていたものだが、議論すべき課題だとはだれもが認識していた。デイビッドは、そのプロジェクトを進めればなんらかの被害が発生するだろうこと、さらに会社全体の戦略を脱線させるだろうと理解はしていた。

彼は、上司とCEOが同席している会議の席で、その問題を討議した。彼は、プロジェクトの問題点を指摘し、ターゲット市場の規模を縮小すべきだと理路整然と説明し、そのプロジェクトを継続した場合の成り行きについても簡潔に発表した。

しかし、CEOは怒って彼の話を中断し、そのプロジェクトの肯定的な面を強調した。会議が終わって退出した後、上司は、「いかにも聖人ぶった君のその態度はなんだ、いったい君は自分を何様だと思っているんだ」と怒鳴った。また上司は、デイビッド自身がそのアイデアを思いつかなかったために、CEOがたいせつにしているプロジェクトのことをずっと好きになれなかったのだろうと、遠回しに当てこすりをいった。

デイビッドは、このプロジェクトに関するかぎり、上司やCEOよりも優れた専門知識を持っていた。しかし、上司は彼の意見に少しも関心を示さず、デイビッドの反対理由を検証しようともせず、彼が心から会社のために責任を持って行動していることをわかろうともしなかった。デイビッドはすぐに、現実の問題に焦点を当てるよりも、上司にとって何がたいせつかを理解することのほうが重要なのだと悟った。

CEOとデイビッドの上司はそろって、ボトムアップから生まれたリーダー的な視点を押しつぶしただけでなく、組織のなかの潜在的リーダーシップをも抹殺したのだ。デイビッドは会社を去るか、あるいはこれからは二度と反論しないかのどちらかを選ぶだろう。

リーダーは、人々から適応への挑戦が差し迫っていると示唆するような提案が発せられるようにしなければならない。そしてリーダーは、企業内の矛盾を指摘する人たちを保護していかなくてはならない。このような人たちは、お偉方を刺激し、再考を促すような展望を持っていることがよくある。それゆえ、大雑把に見ただけでも、お偉方が反射的に睨みつけたくなったり、あるいは黙らせようとするとき、リーダーはそれに抵抗すべきなのである。

しかし、組織的に波風を立てないという衝動はあまりにも強力で、それがまず先に起こるのである。リーダーはバルコニーに上がる習慣をつけ、いつも冷静さを保ち、いったいこの人たちは何を主張しているのか、我々に欠けているものは何か、と自問自答しなければならない。

ＫＰＭＧオランダに見る新しい仕事への適応

大成功を収めているＫＰＭＧは、どのように新しい仕事へ適応していけばいいのかを学ぶ好例である。

九四年、同社の会長ルード・コーディッヒは、チャレンジすべき戦略課題が何なのかを把握していた。監査、会計、コンサルティング事業は、オランダ産業界ではリーダー的な地位にあって、かつ高利益を上げていたが、成長機会は限られていた。監査業務は、市場を掘り起こしていけばいくほど、今後の拡大の可能性が狭まっていく。さらに、コンサルティング事業の競争も激しくなっている。コーディッヒは、もっと利益を伸ばせる分野にシフトする必要があるのは理解していたが、それが何なのか、どうやってそれを見極め、どう具体化するかは明確でなかった。

コーディッヒと役員会は、業務を戦略的に分析できるツールを有しているという自信を持っていた。たとえば、全体の流れと非連続性の分析、コア・コンピタンスの理解、自社のポジショニングの評価、潜在的機会の分布などである。しかし彼らは、生み出した戦略を推進、実行し、さらにコミットできるかどうかは、確信がなかった。

パートナーたちは基本的にこれまでのやり方に満足してきたし、歴史的に見ても変化にチャレンジすることにはむしろ抵抗しつづけてきた。彼らはこれまでずっと成功を収めてきており、したがって、末端の社員から新しい仕事のやり方を学ぶ理由は見当たらないと考えていた。しかしKPMGの場合、パートナーの認識を改め、組織文化に深い影響を与えることこそが、新しい仕事への適応を意味していた。

変化を抑制しようとする構造がKPMG内にはびこっていたが、コーディッヒはこれをバルコニーの上から見ることができた。KPMGはパートナーシップというより、実際には、各パートナーが一国一城の主を務める小さな領地の集合体のようなものだった。したがって、KPMGが収めてきた成功とは、三〇〇人の仲間たちがある野心に一丸となって向かっていった結果ではなく、パートナー個人個人の業績の寄せ集めだった。

成功は個人ベースの利益で測られる。いみじくもあるパートナーが「もし最終結果さえよければ、君はよい仲間だ」と言っていた。そのおかげで、ほかのパートナーの領地を荒らすようなことはなかったし、ほかから何かを学ぶということも皆無だった。個人プレーに高い価値が置かれていたので、コンフリクトが起こることはめったになく、あったとしても、うやむやにごまかされてきた。もしパートナーたちが企業変革に抵抗したとしても、直接的に押さえこむような真似はしなかった。面従腹背というのが実際だ。

しかし、この自主性尊重の精神こそがKPMGの新しい才能を開発させてきたということも、コーディッヒは知っていた。役員たちも、パートナーが愚かな間違いを犯さないことと、高いフィーを受け取れることの二点で評価してきた。創造性やイノベーションはあまり重要視していなかったのである。

パートナーが同僚を評価するときは、新しい見解や新鮮な洞察があるかではなく、間違いがあるかないかをその基準とした。コーディッヒは、組織として取り組むべき適応への挑戦を俯瞰することはできたが、パートナーたちの行動変革に権限を発動することはむずかしいと理解していた。彼ができることは、変革の必要性を自分で発見できるような状況をつくりだすことだった。そこで彼は、その準備をした。

まず初めに、コーディッヒは三〇〇人すべてのパートナーを集め、会議を開いた。そしてKPMGの歴史、ビジネスの現状、今後のビジネスの課題を説明し、パートナーたちの関心に訴えた。さらに、KPMGは今後どの方向に向かって変革していくべきかを問いかけ、彼らの意見を求めた。命令ではなく、自ら状況を判断し、戦略的にイニシアチブをとるように促したのである。こうしてコーディッヒは、パートナーたちとの間に信頼関係を築いた。

パートナーとの信頼関係にくわえてコーディッヒ本人の信頼性もあって、彼は一〇〇人（パートナーとパートナー以外）の人々を説得し、彼らを日常業務から外して、この戦略的な仕事にチャレンジさせることに成功した。彼らは約四カ月間、業務時間の六〇パーセントをこの仕事に振り向けた。

コーディッヒは一二人の上級パートナーと、レベルと分野を問わない一〇〇人の専門家を集めて戦略的統合チームを結成した。パートナーより下のランクの人たちに戦略的なイニシアチブを任せるという前例はなく、そこには、スタート当初からこの新しい試みに対する意気込みがあった。

パートナー以外の意見はこれまで重要視されたことはなく、また上層部から意見を求められることもなかった。タスクフォースを一四つくり、一〇〇人の専門家は将来の動向と非連続性の評価、コア・コンピタンスの定義、組織が取り組むべき適応への挑戦の三分野に従事することになった。一〇〇人の専門家には専属のサポート・スタッフがつけられ、別室が設けられた。彼らは伝統的な規則や規定の拘束を受けなかった。KPMGのマーケティングとコミュニケーションの役員であるヘニー・ボースが、プロジェクト・マネジャーに任命された。

この戦略的な仕事もある段階にくると、タスクフォースは既存の組織文化と対峙しなければならなくなった。それはなぜか。つまり、既存の古い規則の枠組みのままでは、新しい仕事を進めようにも不可能だったからだ。チームワークを効果的にはかろうにも、たとえば経費の問題ではこれまでの個人主義を尊重する文化が障害となったり、忌憚のないディスカッションを試みようにも個人個人の強い信念が進行を妨げたり、組織横断的な問題を解決しようにも各人が自分の部署のことに配慮したりと、どうしてもうまくいかなかった。おまけに、タスクフォースのメンバーすら意識的にコンフリクトを避けており、数々の問題について胸襟を開いて話し合うことができなかった。大半のタスクフォースが機能障害に陥り、戦略的な仕事は遅々として進まなかった。

タスクフォースが変革すべきは何かに焦点を絞り込むことは、現在の組織文化と、望むべき組織文化との違いをビジュアル化する一助となった。タスクフォースは、その二つはまったく違うことを発見した。現在の組織文化とは、反対意見を出す、完璧を求める、コンフリクトを避ける、といったことで、望むべき組織文化とは、自己実現の機会を創出する、他人に配慮する、同僚との信頼関係を維持するといったことだった。

このギャップをわかりやすく表現したことで、コーディッヒが認識していたKPMGにおける適応への挑戦を、グループとしてやっと認識できるようになった。言い換えれば、「変化を起こさなければならない人々が、自ら率先して適応への挑戦に参加しはじめた」のである。

もしタスクフォースが失敗していたら、組織や階層を超えた協力なくして実現しえないコンピタンスを築き上げ、戦略に反映・実行し、成功することなどできなかったはずだ。メンバー以外の人たちが適応への挑戦の必要性を理解したおかげで、タスクフォースのメンバーは変革への伝道師として、会社のすみずみをインフォーマルに跳び回ることができたのである。

さらにメンバーは、では各個人はどのような適応への挑戦をしなければならないのかという問題に答えなければならなかった。どのような態度、行動、あるいは慣習を変えなくてはいけないのか。また、どういう行動をとるべきなのか。それを根づかせるためには、どんな人たちを巻き込むべきなのか。タスクフォースのメンバーはコーチ、そしてコンサルタントとして支援と提案を行う一方で、それに対するフィードバックを手にすることができた。その結果、相互に配慮し、信頼しあい、相手の意見に耳を傾け、アドバイスしあうようになった。

問題解決が進むにしたがって、信頼関係は急速に深まっていった。タスクフォースのメンバーは、自分たちにとっての適応への挑戦とは、日々行っていることにほかならないことを認識しはじめた。

そして彼らは、どんな課題こそ適応が必要なのかがわかるようになった。

また、その問題解決のための議論を効率的に行うために共通言語を開発した。対話と仕事に背を向ける行動、グループの集団としての知をどうすればプラスに転用できるかを話しあった。いくつかのタスクフォースが機能障害的な行動に陥ったとき、互いにどうやって声をかけあえばよいのかを学習した。すなわち、新しい戦略を実行するのに必要な組織文化が花開きはじめたのである。

適応への挑戦とはどういうことか、それがなぜ必要なのかについて共有化を進めて、ついにその突破口が開いた。しかし、コーディッヒや役員会は、ひきつづき変革による苦痛を調整しなければならなかった。人は変革によって苦痛を感じるからだ。戦略的な業務は、指示が制限される反面、その対象は広範である。

KPMGでは、仕事は高度に構造化され、すべてこれに慣れていた。しかし、戦略的な業務は創造性を必要とする。ある朝食会で、一人の役員が立ち上がり、「もっと創造的になり、古い規則を捨てるべきだ」と挑戦的な発言をした。みんなの気持ちをさかなでするこの過激な発言は、いっそうみんなに苦痛を感じさせるものだった。これまでパートナーがこのような発言をしたことはなかった。KPMGでこれまでみんなが培ってきた経験とは、組織のなかで、同僚と一緒に問題なくルーティンワークをこなすためのものだったことをあらためて認識した。

しかし、このような過程を通過していくことで、コンフリクトを許容し、このコンフリクトを建設的に解決していこうという意識が根づいていった。そして次のような方法によって、このような雰囲気はかなり長つづきさせることができた。

①これまでにないほど緊張が高まったとき一〇〇人の専門家は、彼らが抱える課題を、まるでウィンフリー(アメリカの司会者)がするようなスタイルにして役員会に付議した。役員会のメンバーは会議室の中央に座り、その周りをメンバーたちが取り囲んだ。

②不合理な発言や行動が出てこないように、承認方法に工夫をこらした。サッカー好きのオランダらしく、このプロセスの参加者すべてに、サッカーの審判がファウルを告げるために使うイエローカードが与えられた。だれかが話を聞こうとしなかったり、想定を理解せずに議論をしかけたり、他の参加者にケンカ腰になったりすると、そのカードが使われた。

③タスクフォースはシンボルをつくった。彼らはこれまでのKPMGを、大きくて動きが鈍く、眠るのが好きで、慣習が侵されると攻撃的になるカバになぞらえた。そして、陽気で遊び好きで、学習に熱心で、チームのためによろこんで先に進もうとするイルカになろうと言った。彼らは服装規定についても注意を向けた。夏にKPMGのオフィスのなかを、マネジャーたちがTシャツとバミューダ・パンツで動き回るのを見て、顧客たちは驚いた。

④タスクフォースは、楽しむという点についても深く考えた。「遊び時間」には長距離のサイクリングや、地元の遊技場でのレーザーガン・ゲームができた。あるときなどKPMGのオフィスではみんながある目的を共有したら、いったいどんなことができるだろうか、という討論をし

ていたのだが、会議を途中で打ち切って外に出て、見たところ動きそうもないコンクリート・ブロックを、みんなの力を合わせて動かしてみた。

⑤グループは仕事を中断し、しばしば二～三日のオフサイト・ミーティングに参加した。

このような試みが、全社員の態度や行動を変えていった。規則を守ることよりも、好奇心で行動することに価値が認められるようになった。外に出ていない人たちを特異な存在だと見なくなったし、アイデアをめぐって職場のあらゆるレベルを超えて、協働的に対話するようにもなった。個人が自分だけで問題解決にあたるという傾向から、相互理解に基づいて物事を解決していく方向へと変わっていった。事業ユニットの異なる人たちと一緒に仕事をしていく、一緒に仕事を成し遂げるという自信が生まれた。好奇心が旺盛で、興味深い質問をすることが最も尊敬されるようになった。

適応への挑戦に戦略的に立ち向かった結果、ＫＰＭＧ全体が、監査から保証へ、業務コンサルタントから企業ビジョンの創造へ、ビジネス・プロセス・リエンジニアリングから組織のコンピタンシー開発へ、そして伝統的手法の伝授から学習する組織の創造へと変わっていくことだろう。タスクフォースは、これらの新しいビジネスチャンスを五〇〇〇万～六〇〇〇万ドル程度の価値があると見ている。

多くの上級パートナーは、同社の主要業務である監査志向の風土を打ち破る、創造性にあふれた人材を確保できないかと考えていた適応への挑戦のプロセスが、創造性、情熱、想像力、そしてリスクへの挑戦を生み出したことに、驚きを隠すことができなかった。会社の思考態度に基本的な変化を示す次のような二つの例がある。

あるミドル・マネジャーが、新しいビジネス創造に自信を持ちはじめていた。彼はＫＰＭＧのサービスを、バーチャル組織と戦略的提携で提供してみたらどうかと思いついた。彼は世界中を回り、六五のバーチャル組織のリーダーを訪問した。彼の研究成果は革新的で、この成長分野への市場参入に大きく資するものだった。さらに、彼は新生ＫＰＭＧを代表し、世界フォーラムで基調講演を行うことになった。

また、二八歳の女性会計士が、現在のような複雑な状況下でチャンスを見極め、新しい戦略を実行していくために、年上の男性パートナーのグループをガイドしていた。いままでだったら、こんなことは起こりようもなかった。上級パートナーは、けっして下からの声を聞こうとはしなかったからだ。

リーダーシップにおける学習の重要性

Ｍ＆Ａ、リストラ、リエンジニアリング、そして戦略的な業務といった組織のリデザインを行うための努力は、かえって組織を弱体化させるものだ。なぜなら、マネジャーが新しい仕事に適応することの必要性をわかっていないからだ。強気の上級管理職は技術的に解決できる問題と同じように適応への挑戦を扱ってしまう、という古典的な過ちを犯してしまう。実はこのような過ちは、今日のリーダーに求められている中心的な役割と表裏一体の関係にある。

戦略を創造するリーダーは、合併やリストラ、未来の予見、非連続性についての理解、ビジネスチャンスの発見、競争地図の作成、メンバーたちを戦略的な方向に導く仕組みのオペレーションといった専門的な技術を利用できるばかりか、それらのメリットを計算するツールをも持っている。これらの技術やツールは、社内からでもコンサルティング会社からでも、いつでもたやすく入手でき、大変便利なものである。

しかしながら、見た目にきれいな戦略は往々にして実行段階で失敗する。そしてその失敗を振り返って、「我々にはうまい戦略があったが、それを効果的に実行できなかったのだ」と間違った診断が下されることがほとんどである。

実際は、戦略そのものに不備があることが多いのである。原因は、戦略を立案していく際に、多くの考えや意見を排除してしまうからだ。戦略を開発していくプロセスには新しい仕事に適応していくことが必要だが、それに失敗するのは、上級管理職に小手先で対処しようとする傾向があるからだ。マネジャーたちは往々にして自分流のやり方で問題を解決しようとし、それを同僚たちに押し売りし、同意を取りつけるために他人の意見など無視するか、あるいは強制するのである。

リーダー・チーム・メンバー、コンサルタントたちは適応への挑戦の対象範囲を具体的に決めてしまって失敗する場合がほとんどである。だからその後は、いったいだれが何を開発し、何を理解し、どんな約束をし、どのように戦略を実行するのかと自問することになる。

同様に、コンサルタントとマネジャーは、テクニックでごまかしてとりあえずの目的を設定し、新しい仕事の流れをデザインし、結果を文書化して伝達し、そして社員の役割と活動を具体化しながら、自分のノウハウを駆使してリストラやリエンジニアリングを導入していく。リエンジニアリングは、多くの場合、プロセス設計を技術的に扱うため、目標水準に達しないうちに失敗に終わってしまう。

マネジャーたちの多くは、新しい仕事への適応を具体化することなく、変化を起こすのに必要な人々を巻き込んでいく。上級管理職はこれらの課題に対する理解を促しながら変革を進めていくが、その間、社員たちを指導するために自分の時間と精神を費やす余裕はない。そもそも「エンジニアリング」という言葉自体が、本当は間違った使い方なのである。

簡単にいえば、ビジョンを掲げ、そのビジョンで人々を結びつける、という広くいわれているリーダーシップは破綻してきている。なぜなら、適応すべき状況を技術的に取り扱いつづけているからである。さらに、権威の象徴であるべきトップ・マネジメントには、会社はどの方向に向かうべきかの決断が求められ、社員たちはそれに従うものだとされているからでもある。

遺憾なことだが、豊富な知識と押し出しの強さを持ち合わせることがリーダーシップであるかのように考えられてしまっている。このような考え方が根底にあるかぎり、適応への挑戦によってビジネスを成功させる方法についての理解も間違ってしまう。

適応すべき状況を定義づけ、細かく分解することはむずかしい。なぜなら、そのことは社内のマネジャーや社員に、新しい仕事のやり方とそれに対する責任を要求することであり、みんなはリーダーが出した解決策に必ずしも従順ではないからだ。適応するための解決策とは、社内のみんなに、これから不確実な状況に身を置くことになるが、そこでの責任はあなた自身がとらなければならないのですよ、と求めることにほかならない。

リーダーシップに訪れた変化

リーダーシップは毎日必要とされるものだ。それは、特定の少人数が責任をとることを意識させるものではなく、珍しい出来事でもなく、あるいは生涯唯一の機会であってはならない。ビジネスの世界では、我々は適応への挑戦にいつでも向きあっている。上級管理職がコンフリクトを鎮めるよう部下から求められたとき、彼とその部下は適応への挑戦に直面することになる。

マネジャーは、問題解決をはかろうとするとき、たいてい技術的になんとかしようとするだろうが、同僚の態度や慣習に変化を求めるときは、適応への挑戦と向きあうことになる。

最前線で働く社員の場合、組織の目的となすべき課題との間にギャップを見たとき、彼らは適応への挑戦のみならず、下部からリーダーシップを発揮するチャンスと、その裏側に潜む危険に向きあうことになる。

このように見てくると、リーダーシップには、試行錯誤しながら戦略を立案、実行していくことが要求されるようだ。リーダーは、下部からトップにいたるまで、権威を持っているか否かにかかわらず、みんなを挑戦に導きながら、その価値観を調整し、考え方を変革し、新しい慣習を学習させなくてはならない。

いかなる難問にもめげないと自信を持っているお偉方にすれば、このようなリーダーシップの変革は目覚めの悪いものかもしれない。しかし、何事にも解答を出さなくてはならないという重荷を軽くしてくれるばかりか、その重荷に耐え忍ぶことからも楽にしてくれる。また、コーチのように声をかけられる人や、みんなを導いていくだけのビジョンを持っている人には、この変化は良いニュースでもあるが、悪いニュースでもあるかもしれない。

これから要求される適応には、何かを啓示したり、要求したりするリーダーではなく、責任をとることができるリーダーが必要だ。そして、みんなに質問を投げかけつづけさえすれば、みんなを導いていくことができるのだ。

第8章

責任能力のあるマネジャーに何が起きたのか

Whatever Happened to the Take-Charge Manager?

ニティン・ノーリア
Nitin Nohria
ジェームズ D. バークリー
James D. Berkley

ニティン・ノーリア　Nitin Nohria
ハーバード・ビジネススクール教授で経営管理学担当。リーダーシップや企業再生について研究。主な著書に*The Differentiated Network*／*Beyond the Hype: Rediscovering the Essence of Management*（Robert G. Eccles、ジェームズ D. バークリーとの共著）などがある。

ジェームズ D. バークリー　James D. Berkley
カリフォルニア大学の博士課程の学生で比較文学を研究。1990年から94年、ハーバード・ビジネススクールで組織行動学の研究アソシエイト、ケース・ライター。ニチン・ノーリア、Robert G. Ecclesとの共著に*Beyond the Hype: Rediscovering the Essence of Management*がある。

【論文初出データ】
Whatever Happened to the Take-Charge Manager?（HBR, 1994年1-2月号）
DHBでは未訳

競争力の低下とマネジメント・モデル

多くのマネジャーは、一九八〇年代に登場した新しいマネジメント・モデルを、アメリカのビジネスが活性化した証拠だと考えていた。TQM（総合的品質管理）プログラム、自己管理チームといったイノベーションをすぐに取り入れることで、マネジャーは、自分は企業の競争力を維持するうえで欠かせないリーダーシップを発揮しているのだと信じ込んでいた。

しかしそのような考え方は、事実と合致していない。八〇年代のアメリカでは、マネジャーは実際には采配を振るってはいなかったのだ。急成長するマネジメント専門産業に頼ることで、自らの責任を放棄していたのである。

八〇年代、国際競争力の低下と経済の落ち込みを恐れるアメリカ人マネジャーの不安感に乗じるかのように、ビジネススクールやコンサルタント、ビジネス関連メディア、ビジネスやマネジメントの「グル（指導者）」が著しい成長を遂げた（**図表1**「マネジメント産業の隆盛」を参照）。

自分の能力を信用できない多くのマネジャーたちは、自分で見つけてきた専門家にしがみつき、彼らが教示する最新の万能的解決策に飛びついた。品質、顧客満足、製品化に要する時間、提携、国際競争力、組織文化、権限委譲などのプログラムは、驚くべきスピードでアメリカ企業を席巻した。

「新しい」アイデアを取り入れることは、企業にとって、自分たちが先進的であること、自分たちの過去が誤っていたこと、そして自分たちが変わろうと固く心に決めていることを、世界に示すための方法になった。結局のところ、現状にしがみついていることが最悪の選択、というわけだ。

新しいアイデアが役に立ったビジネスも一部にはあった。それが、企業の落ち込みに歯止めをかけ、海外の競争相手への挑戦を可能にしたことも実際にあった。しかし大多数のケースにおいては、調査結果からみるかぎり、過去一五年間の新しいマネジメントの流行が、約束された成果を生み出すことは、めったになかった。

八〇年から九〇年にかけて、アメリカのほとんどの主要産業において、市場シェアは七〇年から八〇年にかけてと同程度、あるいはそれ以上に落ち込んでいた(**図表2**「アメリカ企業の競争力の低下」を参照)。

ハーバード・ビジネススクールやマッキンゼー・アンド・カンパニー、アーンスト・アンド・ヤング、アメリカ品質基金の最近の調査では、マネジャー自身が新しいマネジメント・プログラムに満足していないことをはっきり示している。我々は九三年にハーバード・ビジネススクールで、ほぼ一〇〇社のマネジャーを対象に二一以上のさまざまなプログラムについて調査を実施した。その結果、七五パーセントが自分たちの組織における成果に満足していないことがわかった。

この無残な結果は、何を物語っているのだろうか。これは、アメリカのマネジメントがプラグマティック(実用主義の)な判断に欠けるという、最も深刻な問題への取り組みに失敗したことではな

図表1　マネジメント産業の隆盛

	1982年	1992年	成長率%
ビジネススクールとMBA			
ビジネススクール数	545	670	23
MBA取得者数	60,000	80,000	33
コンサルティング産業			
コンサルティング会社数	780	1,533	97
コンサルタント人数	30,000	81,000	170
業界の総収入	35億ドル	152億ドル	334
企業の教育訓練			
受講者数	3350万ドル	4090万ドル	22
訓練時間の総計	11億ドル	13億ドル	18
企業の総支出	100億ドル	450億ドル	350
ビジネス関連メディア			
ビジネス・ストーリーの数	125,000	680,000	444
新刊ビジネス書の数	1,327	1,831	38
ビジネス書籍の総売上	2億2500万ドル	4億9000万ドル	118

出典：複数の資料から作成。このデータの整理に際して、ハーバード・ビジネススクールのビジネス情報アナリスト、マイケル・スティーヴンソンとジョージ・ジェンキンスの協力をえた。

図表2　アメリカ企業の競争力の低下

それぞれの産業における最大手企業12社を世界規模で抽出し、そのなかでアメリカ企業が占める割合をパーセンテージで示した。

産　業	1960年	1970年	1980年	1990年
自動車	83%	66%	42%	38%
銀行	61	67	26	0
化学薬品	68	40	31	23
コンピュータ	95	90	86	70
電気	71	59	44	11
鉄鋼	74	31	26	12
繊維	58	44	41	21

出典：Lawrence G. Franko, "Global Corporate Competition: Is the Large American Firm an Endangered Species?" *Business Horizons,* November-December 1991. Reprinted with permission of the publisher.

いだろうか。八〇年代におけるこのトレンディなマネジメント・テクニックの普及によって、マネジャーは、創造的な解決策を探求する努力なしに、依拠すべき答を見出すことができるようになった。いくつかの企業は、その場しのぎの解決策への依存に疑問を持ってはいたものの、既製品の「イノベーション」の導入はどんどん拡大していった。

マネジャーがこのトレンドに逆らおうとすれば、経営上の責任を取り戻すことからはじめなければならない。こうした流行にただ追随するのではなく、有効性を約束する管理経営策を注意深く選び出さなければならない。そしてこれらの方法を、自分たちの事例に照らして、厳密につくりかえていかなければならない。

マネジャーは往々にして、あえて新しい技術に背を向け、手元にあるやり方でなんとか間に合わせることで、大きな利益を上げることができる。それは古いやり方に思えるかもしれないが、実際、大きな成果を生んでくれる。マネジャーの仕事は、目新しいものを探し求めることではなく、企業が確実に結果を出せるようにすることなのだ。プラグマティズムはその出発点なのである。

「今月の味」的マネジメント

経営管理上のイノベーションが時代の期待に応えられないのだとしたら、企業がのべつまくなしにそれを導入しつづけていることは不思議なことだ。新しいマネジメントの流行は、安易な解決策を探し求めているマネジャーには、いまだに抗しがたいほど魅力的に映るのだろう。そして、グルのまやかしに弱い企業も少なからずあるようだ。

我々は、効果が望めない既成の解決法の導入を依然としてつづけさせている、次のような三つの基本的な症候群を発見した。

第一は、「最初はうまくいかなかったが、今度はうまくやろう症候群」とでも呼ぶべきものだ。このケースではマネジャーは、導入した手法やコンセプトの失敗は、アイデアの定型化と導入方法に問題があったのだと考える。そして、従来の経営コンサルタントや推進派をお払い箱にし、新しいものを雇い入れるのである。ほかが失敗しているとき、是が非でも成功したいと思う新登場の専門家は、オリジナルのアイデアについて、さまざまなバリエーションを用意してくる。

残念ながら、ほとんどのケースにおいてこの症候群は、アイデアの増殖を招くにすぎない。それぞれがみな、根拠もなしにこれが正しいと主張する。たとえば今日、次第に曖昧さを増しているTQMを見てみよう。

アーンスト・アンド・ヤングと米国品質基金は五八四社を対象に調査を行い、それらの企業が全部で九四五もの標準化プログラムを使っていることを発見した。しかも、それぞれのプログラムは別々の「専門家」が奨励していたのである。(1)

そうした環境下にあっては、マネジャーは、自分が競合するアイデアの海を漂流していることを知り、はたして正しいアプローチが見つかるのだろうかと、ますます不安を覚える。

このありふれた事態に対する不満が、第二のパターンを導くことになる。それは我々が、「今月の味症候群」と名づけたものである。このシナリオでは、マネジャーは古いアイデアは間違っていたとして破棄し、今度こそ必ず事業を約束の地へと導いてくれるだろうと期待しながら、新しいアイデアを導入するのである。そのため、たとえばTQMプログラムは、徐々に成果が現れる性質ゆえに軽視され、一方で、リエンジニアリングが「ブレークスルー」パフォーマンスを達成するためのカギとして支持されるのである。

そして、そうした各アイデアの寿命がどんどん短くなるため、マネジャーは次から次へとアイデアを取り替えることになる。従業員はやがてこのことを理解するようになる。彼らはその経験から、どんな新しいアイデアにも熱中してはならないということを学び、「月曜日になれば、これもまたおしまいさ」と言いながら、肩をすくめるのである。

第三の症候群は、「いちかばちか全部試してみよう症候群」に分類されるものだ。アメリカのある大手銀行では、人事担当の副社長が、自分の組織は見つけられるかぎり、すべての新しいマネジメント・プログラムを導入していると自慢している。

その銀行には一〇〇〇以上の自主管理チーム、五〇〇を超える品質管理イニシアチブ、三〇〇以上のリエンジニアリング・イニシアチブ、その他がある。もちろん、それらのイニシアチブのほとんどが、壁をどんな色に塗るかという程度の経営問題への取り組みであることはいうまでもない。従業員は、さまざまな重要性を持つ複数のイニシアチブに参加することで、自分たちの時間を使い果たしてしまうことにやがて気がつく。こうしたケースは、核となるビジネスが急速にだめになっている組織で起こりがちである。

マネジャーや彼らのグルが、以上述べたような状況に直面したとき、ではどんなことが起きるのだろうか。これまでの経験では、チャレンジ精神に欠けたいくつかの答が返ってきていた。たとえば、「失敗があるのは当然だ。大成功を収めている企業だって、それまでに何度も失敗しているではないか」「数十年もつづいた慣習を変えるのは容易ではない」「そのうち成果が出るさ」というような具合だ。このように可能性をすべて未来に先送りすることで、ほぼ永久に経営上の約束の地への信仰を維持することができるのだ。

しかし新しいマネジメントのサクセス・ストーリーはどうだろう。もちろんいくつかはあるが、それは、たとえばTQMのような新しいアイデアを導入する際に、自分たちの会社の特殊事情に照らし、創意工夫を凝らしてつくりかえているからである。特定の状況に見合うように手直しし、想定以上に変更することで、これらの新しいアイデアは、すこぶる有益なものになりうるのである。これこそ最高のプラグマティック・マネジメントである。

プラグマティズムの四つの顔

そこで我々は、一九世紀アメリカの現実主義者が信奉していた、プラグマティズムへの回帰を求めることになる。つまり、どんなアイデアも実際の成果で判断し、つかまえどころのない真実の概念を追い求めるよりも、それによって何が可能になるかを見極めようとするのである。プラグマティズムの哲学者ウィリアム・ジェームズは、「理論は道具であって、我々が信仰する不可思議なものへの答ではない」と述べている。すべての経営管理状況は、プラグマティックな態度を必要とするのだ。

議論を進めるうえでこのアプローチを、「事情の考慮」「間に合わせ仕事の推進」「結果への集中」「不確実性を恐れない」の四つに分類することにしよう。

事情の考慮

プラグマティック・マネジメントの中心的な考え方は、特定の事情に照らしてアイデアを変更していくことである。そこでは、特定の状況の要素を見極め、どんなアイデアやアクションが有効なのかを判断できる能力を備えていることが、真に有能なマネジャーの条件となる（**コラム1**「両刃のプラグマティスト：シカール・ゴーシュへのインタビュー」を参照）。

特定の状況や事情には、たとえば、受け入れ国の文化的環境からマネジメント・チームの従業員の性格にいたるまで、マクロとミクロのさまざまな側面が含まれる。そうした事情に注意をはらうマネジャーは、過去のマネジメント・プログラムの成功や失敗を含め、その会社の歴史や伝統にも精通している。物理的資産から人材まで、会社の経営資源について熟知しているのである。彼らは、組織と従業員の強みを知っているため、どんな活動が可能で、組織がどの程度伸びるかについても、正しい判断を下すことができるのである。

プラグマティックなマネジャーは、ある状況のもとでうまくいった変革のイニシアチブが、ほかの状況においては簡単に失敗することも理解している。また状況の進展とともに、そのプログラムを継続的に再評価しなければならないことも理解している。さもないと、変革プログラムは理論的に行き詰まり、それぞれの企業の日常業務と関連性のないものになってしまうからだ。

TQMのような包括的プログラムを採用するときでも、マネジャーは、それをどうすれば最善のかたちで導入できるのか、頻繁にプラグマティックな判断を下さなければならない。マネジメントのグルは、その方法を解説した教本などから断片的に受け売りするかもしれないが、一般的な答が特定のニーズを満たすことはめったにない。

最近のマネジメント・イノベーションを成功させている企業の多くは、一般的なアイデアをそのまま取り入れるのではなく、さまざまに加工している。ここ数年、たびたび紹介されている、ゼネラル・エレクトリック(GE)のワークアウト・プログラムの例を見てみよう(2)。

GEは、よく知られている日本のQCサークルを導入しようとした。これは、従業員がチームをつくって品質向上に取り組む、全社あげての運動である。

日本のQCサークルでは、社員は小グループに分けられ、実質的に上の者から方向性についての指示を受ける。しかしGEでは、このアプローチはアメリカ企業の事業にはそぐわないとすぐに気がついた。CEO（最高経営責任者）のジャック・ウェルチは、トップ・ダウンのモデルでは、現場の社員から大きな変革についての賛同を得るうえで必要な、信用を築くことはできないと判断した。「新しいアイデアに抵抗する」と予想される、多くのミドルおよびシニアレベルのマネジャーを動かすことについても、不可能だろうと考えた。

一九八九年、ウェルチはQCサークルを、より広範なテーマを取り扱い、もっと素朴なワークアウト・プログラムに組み替えはじめた。小集団活動を進めるかわりに、社員とマネジャーが一堂に会し、新しいアイデアを出しあう場を設けたのである。

そこでは、極端で過激なアイデアほど尊重された。ワークアウトの頻度と所要時間は限定せず、必要に応じて、柔軟に対応することにした。タウンミーティングのような設定が、共同体としての感覚を養い、一方で、個人の貢献が目立つようになった。この公の場面設定によって、寡黙なマネジャーも変革のプレッシャーに直面せざるをえなくなった。ウェルチは、マネジャーはその場で従業員の提案に応えなければならないと強調した。

ワークアウト・プログラムでは、何一つ聖域はなかった。現在のビジネスプロセスのオーバーホール（いわゆるリエンジニアリング）のような大変革を持ち出すことも可能であり、しかもそれは、一日未満で処理された。全体的に、会社に合わせてプログラムを変更するというプラグマティックな戦略をとることで、GEは、TQMの落とし穴にはまることを避けることができたのである。

しかし、素朴な解決策がいつも正解になるわけではない。企業にとっては、それが「次なる一大事」であったとしても、アイデアを全面的に放棄することが最も理にかなうこともある。たとえば一部の企業では、かんばん方式（ＪＩＴ）が理論的にいかに素晴らしいものであっても、自分たちの製造方式にはマッチしないこともある。自国でＪＩＴを採用している一部の日本企業でさえ、アメリカのマーケティング手法と流通制度のなかでは、ＪＩＴはさほど魅力的なものになりえないことに気がついている。

それぞれの特殊事情を考慮することの重要性を強調しながらも我々は、他社が採用しているアイデアすべてを拒否せよというつもりはない。「我々の事情はまるで違うので、これはうまくいかないだろう」と、早々に決めつけてしまうマネジャーも問題である。それはアイデアの流れに棹をさすものだ。

我々は、ＴＱＭのようなイノベーティブなアイデアと、戦略策定のような基本的マネジメント手段は、十分に事情を考慮したうえで導入を決めなければならないといっているだけである。注意深い先見性とモニタリングによって、どのように手法を用いるか、そしてどの程度それに従うかを決めなければならないのである。

マネジャーは、今日うまくいった解決方法が、明日にはまったく通用しないかもしれないことを心にとめておく必要がある。結局のところ、ポートフォリオ・プランニングのような卓越したマネジメント・アイデアであっても、最盛期はせいぜい一〇年から一五年ぐらいなのである。

間に合わせ仕事の推進

プラグマティックなマネジャーは、「間に合わせる」のが得意である。彼らは、どんな資源が利用可能で、締め切りが迫っているときにどうやって短時間で問題を片付けるかを知っている。彼らは、手持ちの材料をもとにプラグマティックな答を探そうとするのである。

我々はプラグマティズムのこの側面を、「ブリコラージュ(器用さ)」と呼ぶ。これは、クラウド・レビ-ストロースが、原始社会の思考プロセスを説明する際に用いた言葉である。原始社会は、知的に劣っていたというステレオタイプが大勢を占めるが、それに対してレビ-ストロースは、原始時代の人々には発明の才能があり、非理性的な思考方法を持っていたと主張する。

彼らは日常の経験から原則を導き出し、そこから類推して判断を下していた。たとえば、病気が治るまで薬草や花の調合方法を変えながら試しつづけることで、精巧な医薬システムを考案してきたのである。

有能なマネジャーも同じ意味でブリコラージュである。彼らは、機能する解決策を見つけだすためにさまざまな可能性を試し、利用可能な資源を使ってみるのである。配置の改善を求めて継続的に監視台に立ち、システムと可変要素をあちこちいじくりまわしてみる。

我々が数年前に出会った大手通信企業のディレクターは、ブリコラージュの素晴らしい例だった。その会社のほとんどの人が、自分の会社にいま必要なのは全面的なＩＴ(情報技術)のオーバーホールだと考えているときに、彼女は、どうすれば自分の会社が既存のコンピュータ・リソースをより有効に利用できるかに注目したのである。

巨大な通信ネットワークのメインテナンスを行っていたエンジニアたちは、老朽化、詰め込みすぎ、そして互換性のないメーンフレームの三つに関するデータを集めていた。ほとんどの人がこれまでのシステムを廃棄処分にし、会社のすべてのコンピュータ・リソースをインテグレートする、新しい最先端の情報アーキテクチャーを導入すべきだと信じていた。

しかしこのディレクターは、メーンフレームは最終的に放棄しなければならなくなるだろうが、その時期はすぐにはやってこないと考えていた。そして、そのような変化に対処するために必要な時間を考えても、すぐに放棄するような事態は生じるはずがないと確信していた。彼女は、それまでの間、できるかぎりメーンフレームを活用しない手はないと自分に言い聞かせた。

そこで、会社が将来手に入れる数百万ドルの情報アーキテクチャーをシミュレートするために、コンピュータのワークステーションを活用してはどうかと考え、彼女のチームは、システムのプロジェクト・タイムを数カ月から数週間に短縮すると同時に、メーンフレームの交換の必要性を遅らせる一連のソフトウエア・アプリケーションを開発したのである。

ブリコラージュが間に合わせの場合、解決策が固定的なものだったり、最終的なものになることはけっしてない。このイノベーティブなディレクターのプロジェクトは、発足したその日からオンラインに送られるまで継続的に進化しつづけた。たしかにブリコラージュであるということは、将来を切り開くために、物事がどう展開するかという明確な見通しがなくても、積極的にアクションを起こすということである。これは、ブリコラージュが結果を気にしないということではない。そこにいたるために、積極的に実験を試みるということなのである。

モトローラのCEOロバート・ガルビンが、八〇年代に行った変革に関する優れたマネジメントは、ブリコラージュのもう一つの好例である。八三年、モトローラは非常に良好な業績を上げたが、ガルビンは、組織制度があまりに官僚的で機能していないことから、全社的に不満が蔓延していることに気がついた。日本への出張でも、同社の市場の変化への対応の遅さを実感させた。

パーフェクトな戦略を思いつくまで、あるいは事前にパッケージされたプログラムを導入するため外部のコンサルタントを雇えるようになるまで、アクションを先延ばしにして危機が迫るのを黙って待つかわりに、ガルビンは、マネジャーを変革プロセスに投入した。一〇〇人以上のシニア・マネジャーを集めた五月のミーティングの席上、彼は大規模なイニシアチブがはじまることを発表した。しかし、その方法については一言もふれなかった。

マネジャーたちが混乱したのは無理もなかった。CEOのアジェンダが何を意味しているのか、理解できる者はだれもいなかった。また何を期待されているのか、理解できた者もいなかった。これこそ、まさにガルビン自身が望んでいたものだった。

彼はマネジャーたちにクリエイティブになってほしかったのである。自分たちが置かれている特殊な状況のなかで、自分たちが直面している問題に取り組むために、いろいろな方法を柔軟な発想で試してみてほしかったのである。一部のマネジャーは、ガルビンが望んでいることがまったくわからなかったが、一部のマネジャーは、ガルビンの挑戦を実験のための踏み台として利用した。

彼らは、マーケット主導の事業ユニットから携帯電話の新製品にいたるまで、数知れない構造変革と商品イノベーションを提案した。それらのアイデアによってモトローラは、業績の悪化を予測し、携帯電話産業で最もパワフルなプレーヤーとして出現することができたのである。直感力に優れたプラグマティストのガルビンは、問題のいちばん近くにいた人たちが解決策を自らの手で導くような状況を提供した、というわけである。

結果への集中

プラグマティストは、結果を得ることに関心がある。しかし彼らは、それをどうやって手に入れるかという方法論については、さほどこだわらない。前述の通信会社のディレクターは、それがビジネスに積極的な貢献を果たすなら、アメリカのイラストレーター、ループ・ゴールドバーグ風のシステム・デザイン・アプローチを用いることさえ気にとめなかった。JITの製造法を拒否したマネジャーは、いくら素晴らしい理論であっても、納品時間を短縮できなければ何も意味がないということに気がついた。

結果への集中を怠ると、災難を招きかねない。前述した大手銀行の例を思い出してほしい。その銀行は、本に書いてある変革プログラムはなんでも片っ端から採用する、「いちかばちか、なんでもやってみる」タイプだった。進展状況は、何人が品質管理の訓練を受けたか、品質管理やリエンジニアリングのチームがいくつできたかで判断された。これは、進歩しているという幻想をつくりだしはしたが、しかし銀行の業績は下落しつづけた。

ロックウェル所有の産業統制メーカーのアレン・ブラッドレーは、結果に集中することの重要性について身をもって知ることになった。同社は、産業用コンピュータとコミュニケーション・グループ(ICCG)について、早くからチームをベースにしたマネジメントを実験的に行い、それを成功させてきた。その成功要因は、チームに明確なミッションがあったことだ。すなわち、できるかぎり迅速に、画期的なコンピュータを統合した製造プロダクトを納品するということだった。

彼らの結果へのこだわりは、自分たちを柔軟かつプラグマティックにした。問題に取り組むうえでチームを編成する、より少人数のほうが理にかなっている場合には、自分たちでそれを判断し、それを実行したのである。

しかし、ICCGが全組織をチームに切り替えたとき、ミッションは分散してしまった。チームそのものの存在が美徳となり、それが最もプラグマティックな解決策かどうかに関係なく、突然すべての問題がチームをとおして解決されなければならなくなったのだ。人はチームそのものにこだわるようになり、同社はサマー・キャンプのような雰囲気に包まれた。「だれであれ、すべてチームで死ぬ者が勝利する」と、ある従業員はジョークを飛ばした。最終的に、シニア・マネジャーはチームの多さが規律の欠如を招き、一方では、旧来の制度の否定的官僚的要素を取り除くことに失敗したことに気がついた。

この経験によって鍛えられたＩＣＣＧは、もっと注意をはらいながらチームを活用しはじめた。いまではシニア・マネジャーたちは、いつ、どこで、どのようにチームを活用するかを知っている。まず最初に、彼らは三つの重要な問いかけを行う。チームは必要か。我々が得るものは何か。我々の収穫をどのように評価するのか。友情を育むことよりも、具体的な結果を重視することに力を入れたのである。

ある大手コンピュータ企業での事件は、マネジャーが間違った結果に集中したときに何が起きるかを示している。何年間もパッとしない業績がつづいたあと、同社のＰＣ部門はついに息を吹き返しそうな兆候を見せはじめた。ハードウエア・グループが、価格競争可能なＰＣ一式を開発したのである。ソフトウエア・グループは、大手ソフトウエア・ベンダーと将来有望な提携を実現した。またソフトウエア開発グループも、マーケットで大きな可能性のあるネットワーキング商品をつくりだしたのである。

これらの新製品のプロモーションをするため、それぞれのグループのマネジャーは、自分たちのマーケティングの取り組みのために人を追加配置してほしいとマーケティング・ディレクターに要求した。プラグマティックに考えていれば、このディレクターは、それぞれのグループに二人ずつ主要スタッフを配置することもできた。しかし、彼女はそうしなかった。自分のマーケティング部門全体の業績を改善するという、自分の最優先事項への集中を崩したくなかったからだ。

この決定に向かって彼女は、正式に戦略計画を実施に移すため、社内および社外のコンサルタントを雇い入れた。自分の部下に権限を委譲し、参加精神を維持するため、彼女は非公式の会議を何度も持ち、情報を収集し、チーム構築作戦を推進した。もちろん三人のマネジャーは、こうしたことが行われている間、ローマが燃えているときに時間を空費しているネロのような気分を味わうことになった。

彼らはついに部門のバイス・プレジデントに訴えた。バイス・プレジデントはマーケティング部に介入し、部を解体させてしまった。彼は、優秀なディレクターを三つのグループに分散させ、彼女のもとには能力のないスタッフだけが残った。このマーケティング・ディレクターは、自分の部門のためにトレンディな新戦略を開発することに夢中になるあまり、会社の成功にとって重要な結果を見失ってしまったのだ。そしてその過程で、自分の部下を失ってしまったのである。

不確実性を恐れない

プラグマティックな対処法にとって重要な最後の構成要素は、不確実性や驚きを積極的に受け止めることである。我々は、今日の既成のマネジメント・イノベーションは、期待していなかった事態にうまく対処できない、画一的なマネジャーをつくりだすものだと考えている。

「先進的」であることの流行の重視は、すべての状況は予測可能だという誤った認識を与えかねない。しかしマネジャーは、少なからず、迅速かつ確実性もなしに行動しなければならない状況に投げ出されるものである。経済学者のケネス・アロウの言葉を借りるなら、多くの状況において、

「起りうる結果についての無知を十分承知のうえで我々は、ただ行動しなければならない」のである。

プラグマティズムを保守主義または抜け目のなさと同一視している者にとっては、不確実性を恐れないことの重要性が直感的にわかるものではないかもしれない。しかしこの二つのコンセプトはリンクしており、プラグマティズムにとって不確実性を避けようとすることは非現実的である。それを否定したり、無視しようとすれば、マネジャーは自分が置かれている真の状況がどういうものなのか見失い、それにうまく対応することができなくなる。

プラグマティックなマネジャーは、突然の変化を恐れることなく、予期せぬ機会として歓迎する。全社的な変革イニシアチブの導入であろうと、重要なビジネス決定を下すことであろうと、彼らは不確実なものを利用することを学ぶのである（**コラム2**「できあいの答の時代のプラグマティズム」を参照）。

リーボックのCEOポール・ファイアマンは、不確実なものから利益を生み出す方法を心得ているマネジャーの一人だ。八九年にフランスで開催された靴メーカーのショーで、彼はフロアに展示された商品になんら心を動かされるものを感じなかった。彼は、何か面白そうなネタはないかと探している流通関係マスコミ記者たちもショーにうんざりしていることに気がついた。

彼はこの状況こそ、リーボックにチャンスをプレゼントしてくれることに気がついた。何か新しくワクワクすることを思いつけば、マスコミがこぞって取り上げるに違いない。開発途上の新製品〈パンプ〉は、よりパーソナルなフィット感のある画期的な商品で、可膨張テクノロジーを売りものにしていた。ファイアマンは、これはいい話題になると直感した。しかしそのシューズのマーケティング・プランはまだ未完成で、価格を含めてまだまだ多くの課題の検討が必要だった。

しかしファイアマンは、「えい、やってしまえ」と決心した。彼はそのショーで、〈パンプ〉を発表したのである。

そして、先手を打ったことが大ヒットにつながった。ファイアマンの予想どおり、マスコミはこの話題に飛びつき、絶賛する記事を書きたてた。これらの記事が、シューズに対するマーケットの期待をつくりあげただけではなく、「商品を一刻も早く開発し、市場に出そうという社内のやる気にも火をつけた」とファイアマンは語る。この製品は記録的な速さで商品化され、市場で莫大な成功を収めたのである。

ファイアマンの向こう見ずな行動は、期限までに新製品の納品ができなければ、重大なトラブルにリーボックを陥れたかもしれない。多くの企業が、新製品の約束を守れなかったとしてマスコミに糾弾されてきた。しかしファイアマンのやり方は、見かけほどには向こう見ずではなかった。

この行動は、彼が業界と自分の会社の能力について迅速な、しかし注意深い評価のもとに行ったことであり、苦しい状況にどれぐらいリーボックが耐えられるかを考慮してのことだった。オペレーションの状況を理解していたため、その好機を捉えることができたのだ。製品化までの時間について、既成のプログラムを用いていれば、どんなものであろうと、このような積極的な成果は生み出すことができなかったはずだ。どんな全社的イニシアチブも、一人のマネジャーのプラグマティックな判断に勝るものはないのである。

経営責任の再評価へ

いま、アメリカのマネジメントは岐路に立たされている。経営上の勝利の杯を求めて、実りのない探求の道をこのまま歩みつづけるか、あるいはプラグマティズムの挑戦に立ち向かうのかを、決めなければならない。多くの学術的訓練において、この手のプラグマティズムは、ある種のライバルを目撃してきたことは注目に値する。アメリカ人マネジャーは、このアメリカ生まれの思考スタイルを見つめなおすことで、特にその過去のプラグマティックな成功を見つめなおすことで、大きな成果を得られるはずだ。

その適切な例として、第二次世界大戦中、アメリカ合衆国が達成した偉業の長い実績がある。二年にも満たない短い期間に飛行機を設計し、製作し、戦いのなかで安全に飛行しつづけたのである。今日、同じことを成し遂げようとすれば、一〇年以上の年月を必要とするだろう。戦争中、戦艦も数週間で建造されたが、今日では何年かかるだろうか。

今日ではとても不可能と思えるような達成物語が、過去の歴史のなかには次から次へと登場する。第二次世界大戦のような危機が、一風変わった方法での、プラグマティックな行動に人々を駆り立て、そしてそのことが国と個人の利益を結びつけたのである。

もちろん、そうした条件を再現することはとても不可能だろうが、有能なマネジメントであれば、この手の緊急性をつくりだす方法を熟知しているはずだ。そして彼らは、新しいマネジメント・パラダイム実施のあるなしにかかわらず、緊急性をつねにつくりだすことができるのである。

我々は、マネジャーを興奮させる新しいアイデアには価値がない、あるいはマネジャーは悪名高き過去の、官僚的習慣にもどるべきだと主張するつもりは毛頭ない。我々は、マネジメント・イノベーションとマネジメント原理の間の、相対的なバランスを再考する時期にきていると主張するものである。八〇年代が、経営手法について新たなものの見方が花を咲かせた時代だったとしたら、九〇年代の後半は、経営責任について謙虚な再評価を行う時期なのかもしれない。

〔注〕

1・"The International Quality Study-Best Practices Report"(Cleveland, Ohio: American Quality Foundation and Ernst & Young, 1992).

2・ワークアウトについて詳細に議論されているのは、Noel M. Tichy and Stratford Sherman, *Control Your Destiny or Someone Else Will: How Jack Welch Is Making G.E. the World's Most Competitive Corporation* (New York: Doubleday, 1993).

Column 1

両刃のプラグマティスト：シカール・ゴーシュへのインタビュー

シカール・ゴーシュは八八年まで、打てば響くような組織づくりの専門家として、ボストン・コンサルティング・グループのパートナーを務めていた。その後、新興の携帯電話会社アペックスのCEOに就任した。現在、EDSパーソナル・コミュニケーションズと呼ばれる、エレクトリック・データ・システムズの一部門になっているこの会社は、八〇億ドルの事業を展開する、最も急成長を遂げた情報管理企業の一つとなっている。

自らをプラグマティックであるといってはばからないゴーシュに、外部から企業に変革戦略を勧め、またCEOとして社内に変革を導入した経験について語ってもらった。ここでは、ブリコラージュとしての自分の役割についても述べられている。つまりゴーシュは、より強力な組織をつくりだすために、継続的にシステムや可変要素をいじくりまわす、プラグマティックなマネジャーだったのである。

――組織変革プログラムに関連して、プラグマティズムをどのように定義しますか。

プラグマティックであるということは、企業の目的と制約の間にバランスをつくりだすことだ。制約とは、会社の財務状況や歴史、諸関係、あるいは従業員の学習能力であるかもしれない。どんな変革プログラムであっても、会社が何を学び、吸収できるかによってその対象を継続的に調整しなければならない。

――これまで見てきた組織変革の流行のなかで、評判どおりだったものはありますか。

多くのものにそれぞれメリットはあるが、それらは往々にして特定の真実を示しているにすぎない。これらの変革の一時的流行を企業の現実と組み合わせると、非常に複雑な結果を得ることになる。品質管理やリエンジニアリングは、それ自体は悪いものではないが、マネジメントのグルは、それらを組織に導入する際の、実際的なむずかしさについては控えめに述べるものだ。グルは、これらのプログラムの大半が、組織の問題の一面を取り扱うにすぎないときでも、まるで完全な解決策であるかのように語る。

ほとんどのプログラムは、企業を機械とみなしている。しかし企業は、どちらかというと生き物に近い。そういう生き物に何かをしたら、当然それに反応する。そしてプログラムは、それらのリアクションをベースに、コンスタントに微調整しなければならない。

――アペックスではどのような組織問題に遭遇しましたか。

アペックスにはそもそも組織がなかった。私が着任したとき、私は二五人の社員を集めて、我々にはいくつかのルールが必要だ、と伝えた。社員は午前一〇時までに出社しなければならない、さもなければ電話を入れなければならない、といったようなことだ。ある者が立ち上がり「いったいどんな権限があって、あなたは我々にそんなことを言うのか」と発言した。

――そこでどうしたのですか。

形式ばることなく、かといってゆきすぎた上下関係を構築することもないようにしながら、しかし規律を植えつけるため、私は日本のような円形組織を導入した。私が組織図の真ん中に位置し、周りにグループを同心円状に配置した。さまざまな仕事をしている人たちが、同じレベルに配置され、グループ間の境界線は曖昧にした。たとえば、顧客サービスはエンジニアリングに流れ込み、エンジニアリングはマーケティングに流れ込むといった具合だ。

この構造は、日本のフラットな組織の原理に則ったものだが、我々はそれをそのまま引用したわけではない。実際の働き方を反映させながら、プラグマティックに組織を設計しなおした。

――うまくいきましたか。

我々は、それによって、市場の変化に迅速に対応できることを発見した。そして、多くの競争相手よりはるかにイノベーティブだった。しかし、しばらくして、あまりにも急に成長したため、このレベルでの形式ばらないコミュニケーションがむずかしくなってしまったことに気づいた。ものごとをやるための、標準化した方法というものがなかったのだ。もし仕事が終わらなくても、責任者がだれなのか、だれにもわからなかった。

――次に何が起きたのですか。

六カ月間に、まったく正反対のほうへ走った。今度は機能的な組織を求めたのだ。部門長は私に、彼らより低いレベルのマネジャーは彼らに、報告した。これはいくぶん目的に逆行するものだった。しかしこのころまでには、従業員は組織の必要性を感じるようになっていた。締め切りを守れなかった。亀裂の部分にあまりにも多くの仕事が落ちていた。

機能的な組織を選ぶことは、最初は、手順や説明責任の必要性という緊急の問題に取り組むためのプラグマティックな方法だった。しかし数カ月のうちに、アペックスに、柔軟性と対応性に欠けた従来の官僚主義の兆候が現れはじめた。そこにはチームワークもなく、全般的な企業のゴールよりも自分たちの職務により連携しはじめた。

——そして次に打った手は。

チームの編成だった。一つの商品ラインごとに組織横断チームを構成した。このアプローチは数カ月間はうまくいった。ただし、あまりに多くの製品があって、すべてのチームを管理するために必要な統括マネジャーの人材が不足していた。

そこで、会社を再構築することにした。会社の制約に合わせて、チームのコンセプトをつくりかえたのだ。それぞれのチームが複数の商品の作業を扱うように、チームを再編したのだ。そして、それぞれのチームを自己充実型の部門に変えていった。従来の考え方でいけば、会社を分割するにはあまりに小さすぎたということだろうが、我々のニーズと限界から、それは我々にとってプラグマティックな選択だった。

——社員はそうした変化に当惑しませんでしたか。

最初のうち社員は、「待ってくれ。別な組織はごめんだ」と言ったものだ。

しかしそのうち彼らは、変化に慣れ、そこに価値を見出すようになった。しばらくすると、組織構造は、柔軟性と一貫性のような、対立する組織の行動様式の間にバランスをつくりだすための道具になった。それぞれの組織は一つの行動を強調するが、もう一方の行動を弱める。そのため、変化しつづけることで、組織のニーズをバランスできるようになったのだ。

組織変革プログラムから学んだことの一部は、プログラムが変更になった後も、従業員のなかに長くとどまりつづけるということだ。人々は互いに知りあうようになり、ほかの職務に対する理解が深まっていった。さらに、組織が始終変わるため、従業員は、特定の枠組みのなかで権力基盤を築く暇もなかった。そのため、より広範な企業目的を見つけださなければならなかった。

――ということは、あなたはブリコラージュだということですか。

そのとおり、自分ではそう考えている。六カ月ごとに変更を導入しているように見えたかもしれないが、一方で、現実には、我々自身が変化しつづけていたのだ。我々は既成の解決策では満足できなかったのだ。我々は自分たちが敷いた制度をつねに微調整していた。そして、あまりに多くの制約にぶつかったときには、もう一度、組織構造を変更したのだ。

つねに変化があれば、人は永続するものは何もないということを知る。何かにトライしてみる前に、すべての答を得る必要はない。実験をしてもよいのだ。なぜなら、現在の組織構造が必ずしも「完全」ではないからだ。

マネジメントとは、自分たちのやり方を継続的に見つめ、目標と資源を反映させるために、そのプロセスを調整することだ。それがプラグマティズムだ。自分が行かなければならないところにたどり着くために、その資源を活用するのだ。

Column 2

できあいの答の時代のプラグマティズム

マネジメントのアイデアは次のようなものでなければならない。
・注意深い熟慮のあとにのみ採用されること。
・不要なキャッチフレーズや決り文句が排除されていること。
・実際の結果で判断されること。
・いま、この場に密接に結びついていること。
・真の問題に根ざしていること。
・特定の人や状況に合わせてつくりかえられていること。
・変化している、また先の見えない状況に適合可能であること。
・積極的な実験をとおして試験され、磨きあげられていること。
・役に立たなくなったときには、廃棄されること。

【索引】

リーダーシップ

2002年4月11日発行

編者　Harvard Business Review
訳者 DIAMOND ハーバード・ビジネス・レビュー編集部

発行所／ダイヤモンド社
http://www.dhbr.net/

郵便番号　150-8409
東京都渋谷区神宮前6-12-17
編集　03-5778-7228
受注センター　0120-700-168

編集担当／DIAMOND ハーバード・ビジネス・レビュー編集部
編集協力／中村玲子事務所
翻訳協力／佐藤やよい(第4章)、工藤由美(第6章、第8章)
装 丁／古田修デザイン事務所
DTP／メディット.
製作・進行／ダイヤモンド・グラフィック社
印刷／八光印刷
製本／石毛製本

ISBN 4-478-37328-0 Printed in Japan

ハーバード・ビジネス・レビュー・ブックス

不確実性の経営戦略

ハーバード・ビジネス・レビュー［編］
DIAMOND ハーバード・ビジネス・レビュー編集部［訳］

情報化とグローバル化の進展によって、変化のスピードはますます速くなり、戦略の舵取りは以前にもまして難しくなっている。状況に応じた適切な判断を下すことこそ、組織やプロジェクトのリーダーに課せられた重要な仕事ではないか。

ここではゲーム理論やシナリオプランニングなど、不確実性のレベルを特定し、将来を見通すためのフレームワークや理論、思考法を紹介する。

四六判／上製／二七二頁 二二〇〇円

4-478-37319-1

ITマネジメント

ハーバード・ビジネス・レビュー［編］
DIAMOND ハーバード・ビジネス・レビュー編集部［訳］

急速に進化したIT（情報技術）は、もはやビジネスにかかせないものとなっている。IT活用により、情報の真価が引き出され、さらにはそれと戦略を融合したビジネスモデルを創造することができるのだ。

ITを活かした経営についての理論とコンセプト、またアウトソーシング、ERPなどの活用法まで、いろいろな角度からITと競争優位戦略の関連について論じている。

四六判／上製／二八〇頁 二二〇〇円

4-478-37318-3

顧客サービス戦略

DIAMOND ハーバード・ビジネス・レビュー編集部［編訳］

サービスはややもすると「無料」という印象を払拭しきれない。しかしサービスこそ、顧客満足度を高め、顧客ロイヤルティを向上させ、その結果、営業利益率を改善し、利益に貢献する。また従業員満足度や従業員ロイヤルティを高める活動なのである。

本書には、顧客満足と従業員満足を結びつけたマネジメント・システムを構築し質の高いサービスを提供しているアメリカの先進事例が多く登場する。そこから学ぶところは多いだろう。

四六判／上製／二八八頁 二二〇〇円

4-478-50185-8

ナレッジ・マネジメント

ハーバード・ビジネス・レビュー［編］
DIAMOND ハーバード・ビジネス・レビュー編集部［訳］

企業の知的財産の創造と共有は、重要な競争優位の源泉である。この見えざる資産を適切に管理するための手法が「ナレッジ・マネジメント」だ。その取り組みには、各企業の情報インフラの整備は不可欠だが、それだけでは十分ではない。ナレッジの共有と創造を推し進めるためには、組織の風土改革も必要になってくるからだ。

本書では、「情報化組織」「知識創造企業」「学習する組織」等々のナレッジ・マネジメントのコンセプトや手法を示し、その本質を考える。

四六判／上製／二八〇頁 二二〇〇円

4-478-37327-2

ハーバード・ビジネス・レビュー・ブックス

経営戦略論

ハーバード・ビジネス・レビュー［編］
DIAMOND ハーバード・ビジネス・
レビュー編集部［訳］

競争の激化で、企業の戦略構築能力は以前にも増して、重要なものとなっている。

戦略立案のうえで特に「経営資源」に着目したのが本書である。コア・コンピタンスやケイパビリティを見極め、それに集中的に投資する。経営資源の「選択と集中」こそが競争優位を生む。

こうした戦略が新興市場における妥当性、さらに多角化企業でシナジーを創造するための「ペアレンティング」アプローチ、また環境戦略の重要性にも言及したマネジャー必読の一冊。

四六判／上製／二七二頁　二二〇〇円

4-478-37340-X

ブランド・マネジメント

ハーバード・ビジネス・レビュー［編］
DIAMOND ハーバード・ビジネス・
レビュー編集部［訳］

ブランドがグローバル化するとともに、ブランド・マネジメントの重要性が高まっている。見えない資産「ブランド」の価値を最大化するために、どんなマネジメントが求められるのだろうか。

本書ではブランド構築、ブランド展開、プライベート・ブランドとナショナル・ブランド、製品ライン拡張、プレミアム・ブランドなどブランドをめぐる問題を取り扱いながら、競合と差別化し、競争優位を生み出す優れたブランド戦略について考察する。

四六判／上製／二四八頁　二二〇〇円

4-478-50186-6

金融工学のマネジメント

DIAMOND ハーバード・ビジネス・
レビュー編集部［編訳］

近年、ブラック＝ショールズ方程式、デリバティブ、オプションなど、金融業界で使われてきた技術（金融工学）が、一般のビジネスに生かされ始めている。金融工学は、リスク管理や最適投資意思決定などにその力を発揮する。金融工学の活用は、今日のビジネス社会で勝ち残るための必要条件となっているといってよいだろう。

金融工学というツールを用いて、リスクを評価し、より優れた戦略を選択するための方法を探る。

四六判／上製／二八八頁　二四〇〇円

4-478-47043-X

ITマーケティング

ジェームズ H・ギルモア／
B・ジョセフ・パイン2世［編］／
DIAMOND ハーバード・ビジネス・
レビュー編集部［訳］

大量生産、マス・マーケットを前提としたマーケティングに飽き足らず、多様性を求めるようになった「新しい顧客」。IT（情報技術）は彼らに対する新しいマーケティング手法を可能にした。顧客とのリレーションシップを構築する、顧客ニーズを知り尽くしそれに対応した製品やサービスを提供する……。こうしたワン・トゥ・ワンやマス・カスタマイゼーションはITなくしては成立しえなかったものである。

本書では、「新しい顧客」の登場を分析すると共に、ITを駆使したマーケティング手法を解説する。

四六判／上製／二八〇頁　二二〇〇円

4-478-50187-4

ハーバード・ビジネス・レビュー・ブックス

コーチングの思考技術

DIAMOND ハーバード・ビジネス・レビュー編集部［編訳］

組織のフラット化やIT（情報技術）の導入をはじめ、組織のハードウエアをいじっただけではスピードやイノベーションは生まれてこない。組織を構成するメンバーの自己変革という、ソフトウエアの改革があって始めて実現するものである。そのための手段が「コーチング」であり、リーダー能力の育成に欠かせない。

　コーチングを実践するうえでのフレームワークを示し、その手法を紹介している。

四六判／上製／二七二頁　二二〇〇円

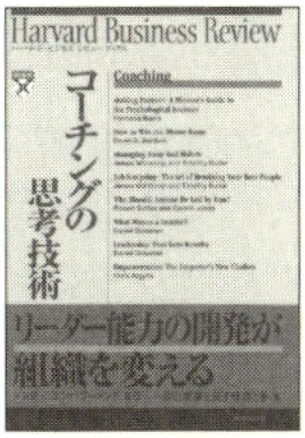

4-478-37388-4

意思決定の思考技術

ハーバード・ビジネス・レビュー［編］
DIAMOND ハーバード・ビジネス・レビュー編集部［訳］

　現在の不透明な事業環境の下での意思決定は難しい。だが状況に応じてスピーディで適切な判断を下すことこそ、組織やプロジェクトを率いるリーダーに課せられた最も重要な仕事ではないだろうか。

　マネジメントの権威、ドラッカーがマネジャーの意思決定の本質を論じているのをはじめ、「ケプナー＝トリゴー技法」「イーブン・スワップ」などの意思決定手法の紹介、意思決定の阻害要因など、意思決定をめぐるさまざまな観点から論じられている。

四六判／上製／二七二頁　二二〇〇円

4-478-49033-3

ブレークスルー思考

ハーバード・ビジネス・レビュー［編］
DIAMOND ハーバード・ビジネス・レビュー編集部［訳］

　創造性やイノベーションは競争優位に不可欠だが、多くの組織ではそうした新しいものを生み出す発想力・着想力を、とらえどころのないマネジメント不可能な個人の資質と考えてしまっている。

　だが実際には、創造性を育てる、あるいはマネジメントするための方法は、たしかに存在する。本書では、ドラッカーがイノベーションを生み出す力について語っているほか、「エンパシック・デザイン」「解釈型アプローチ」などの手法を紹介している。

四六判／上製／二二四頁　二二〇〇円

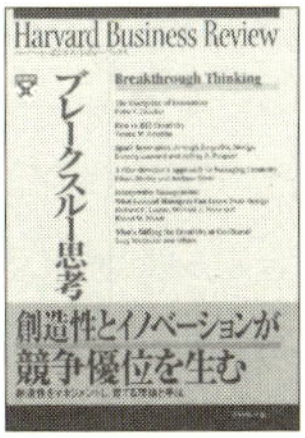

4-478-37329-9

業績評価マネジメント

ハーバード・ビジネス・レビュー［編］
DIAMOND ハーバード・ビジネス・レビュー編集部［訳］

　知識経済の企業は、従来からの財務指標によって業績をモニターするだけでなく、「見えざる」資産（顧客とのリレーションシップ、ビジネスプロセス、従業員の学習能力など）のパフォーマンスを測定する能力を備えていなければならない。さらに業績を正しく評価し、それに従って戦略を調整することは、マネジャーの重要な課題となっている。

　ABC、EVAなど、従来の財務指標を超えた、新しい業績評価指標について論じている。

四六判／上製／二六四頁　二四〇〇円

4-478-37379-5

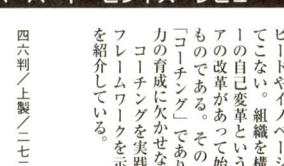

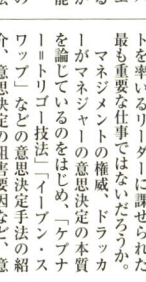